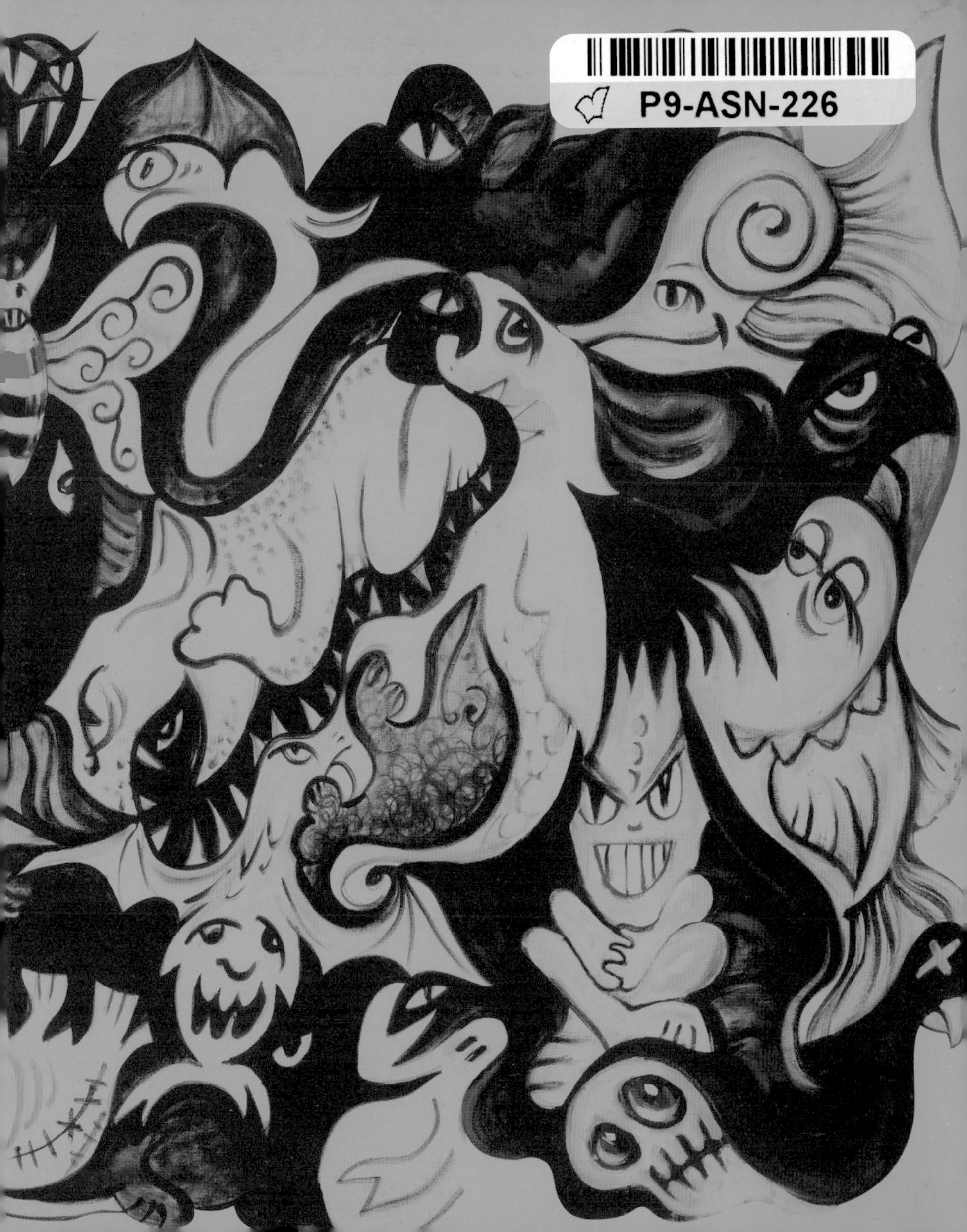

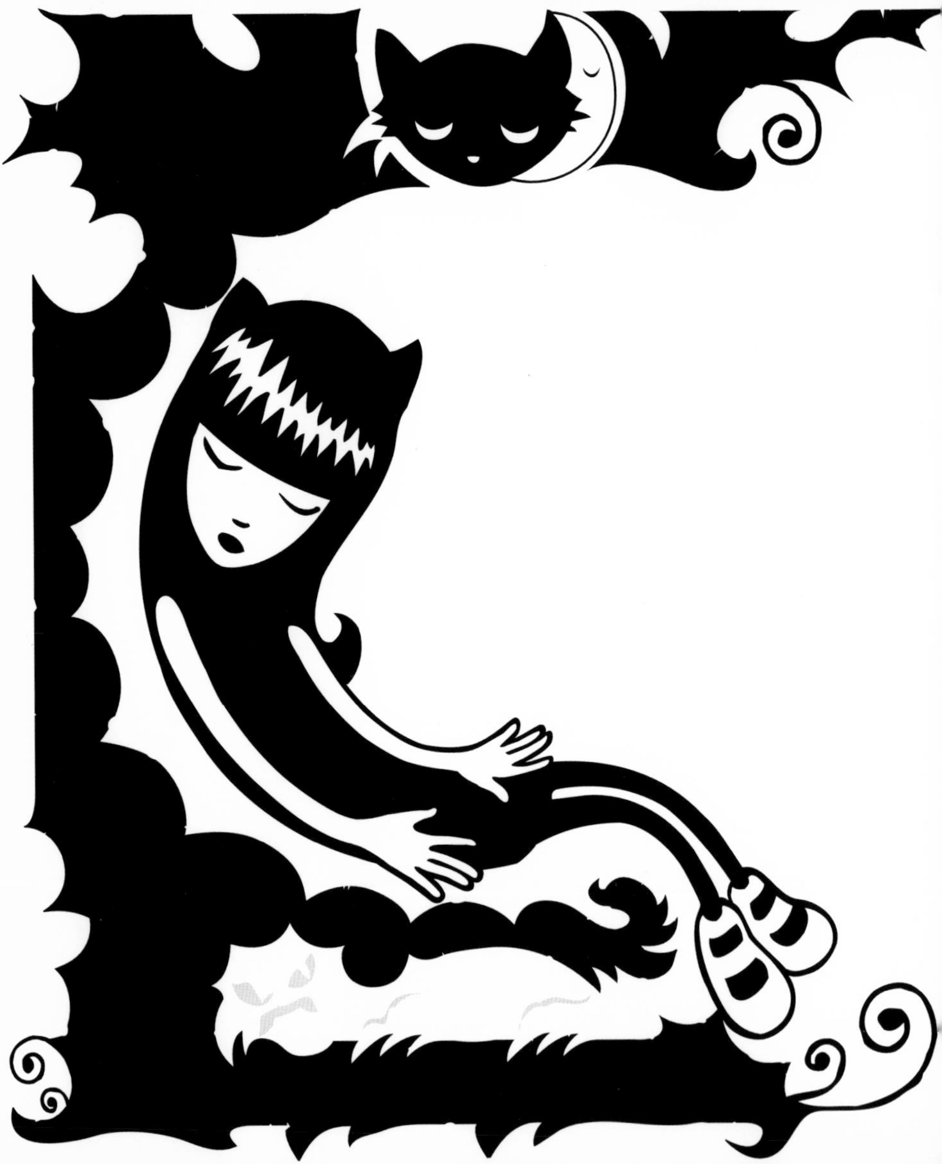

Las dulces pesadillas

de Emily the Strange

POR

ROB REGER

ILUSTRACIONES DE
BUZZ PARKER
GRACE FONTAINE
ROB REGER
BRIAN BROOKS

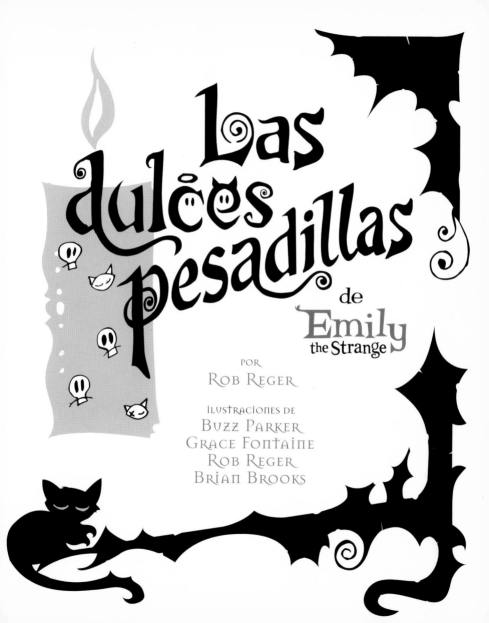

Ilustrado por Cosmic Debris:

Buzz Parker (2, 4, 5-8, 10)

Rob Reger (1-13)

Grace Fontaine (1, 3, 5, 7-13) y

Brian Brooks (1)

Diseño de Rob Reger y Pillowgoat.

Dibujo de las guardas "En sueños" de Rob Reger.

Agradecimientos especiales a Noel Tolentino, Kerry Colburn, Mikyla Bruder,

Captain Sensible, Buffy Visick, the Cosmic Crew and Lupa the Punk Rock Kitty.

¡Y a ti, desconocido!

Dedicado a Emily Vanian.

www.EmilyStrange.com ¡Entra si te atreves!

First published in English by Chronicle Books LLC.

© 2005 Norma Editorial, S.A. por la edición en castellano.

Passeig de Sant Joan 7. 08010 Barcelona.

Tel.: 93 303 68 20. Fax: 93 303 68 31

norma@normaeditorial.com

ISBN: 84-9814-306-3

Depósito legal: Diciembre 2005

www.NormaEditorial.com

13 dulces pesadillas de Emily the Strange

Sudario

1

El que se cuela...

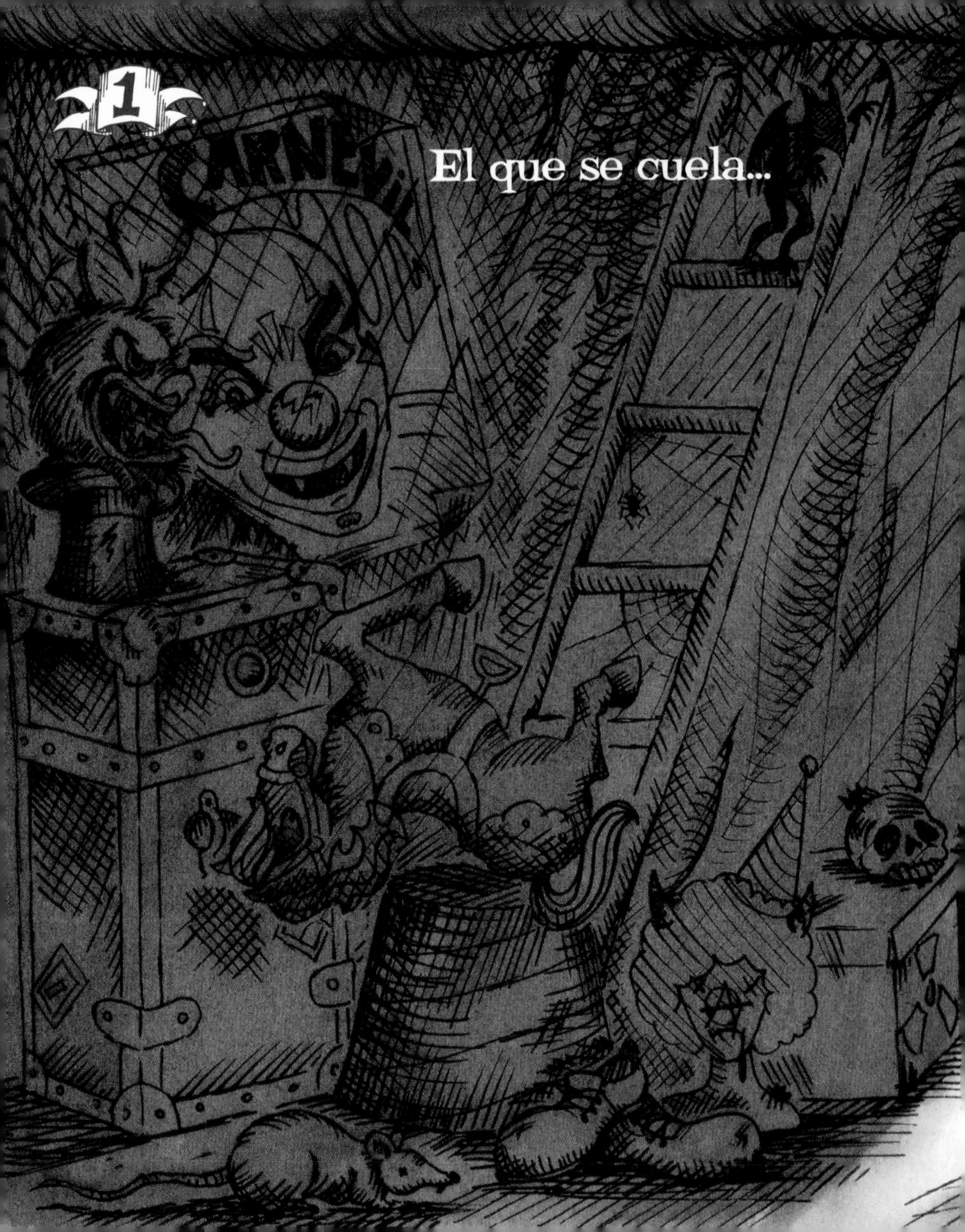

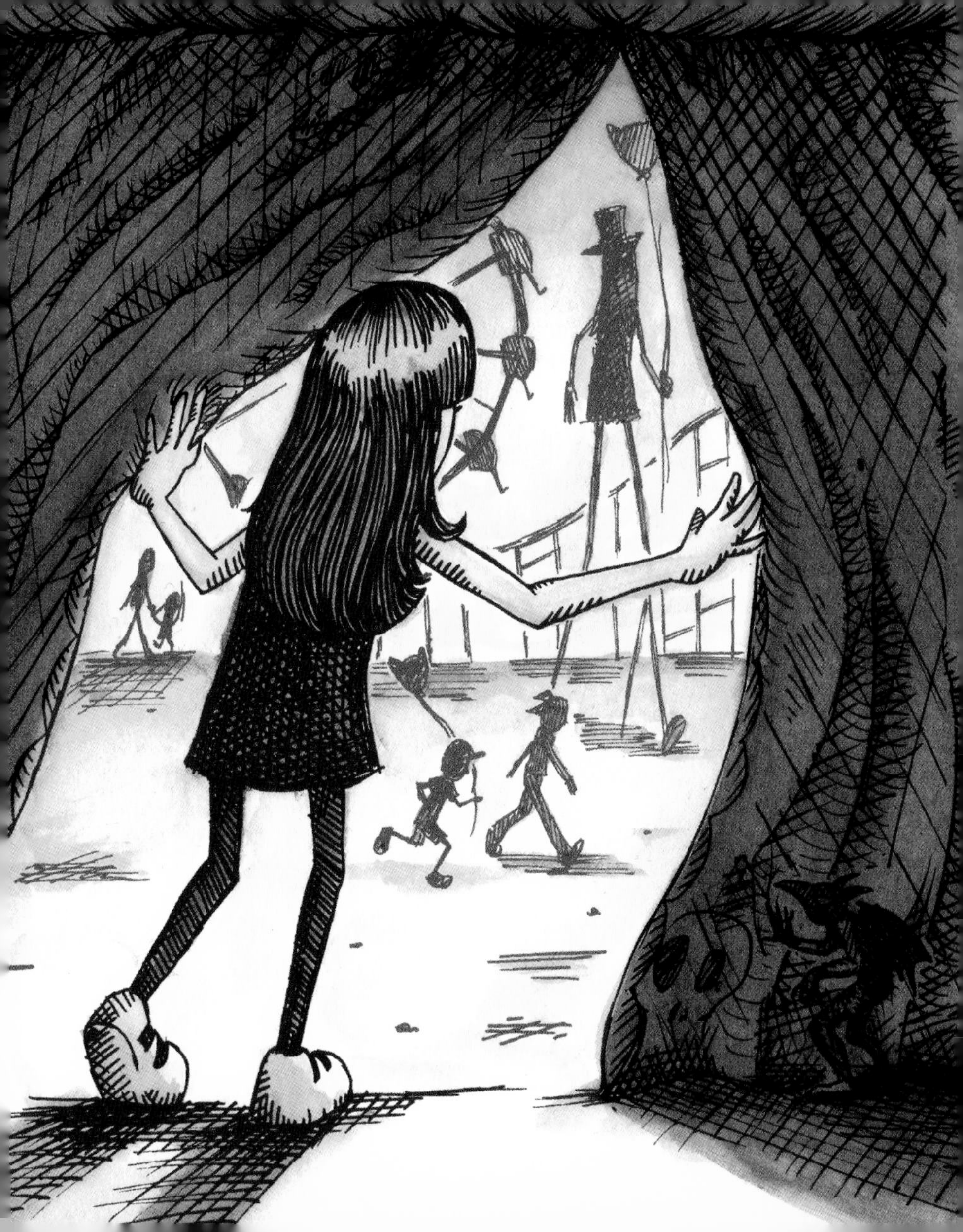

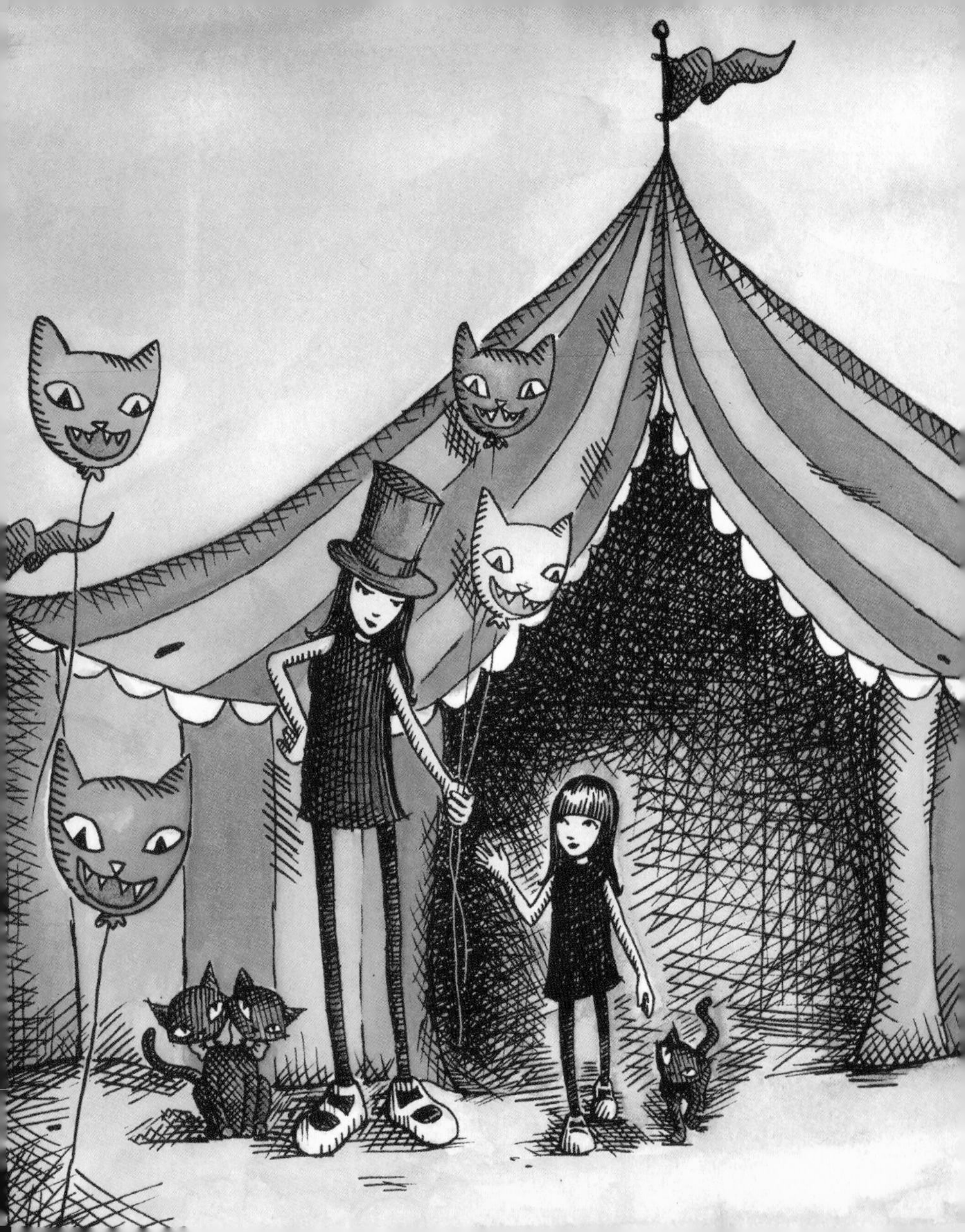

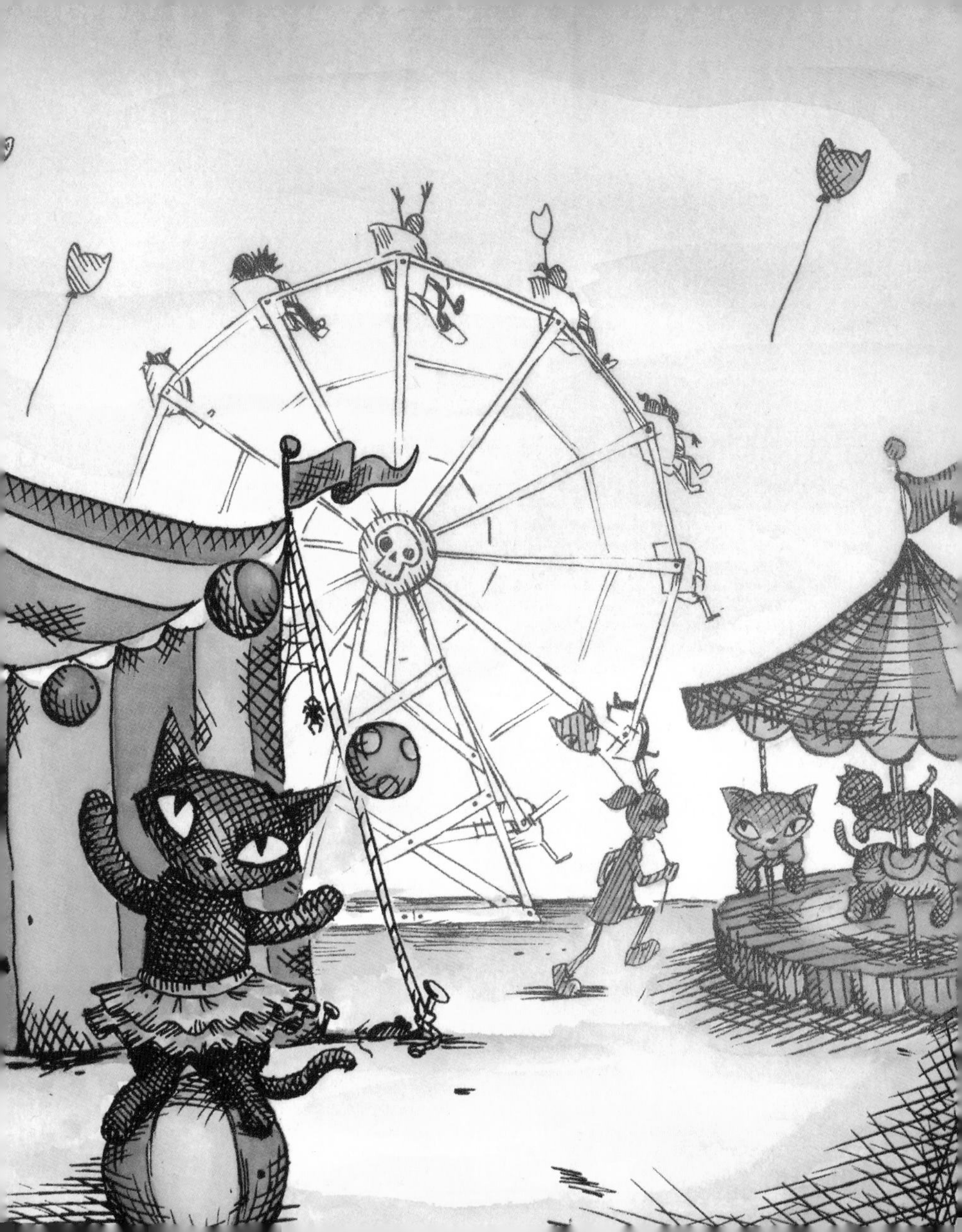

...al final, vuela.

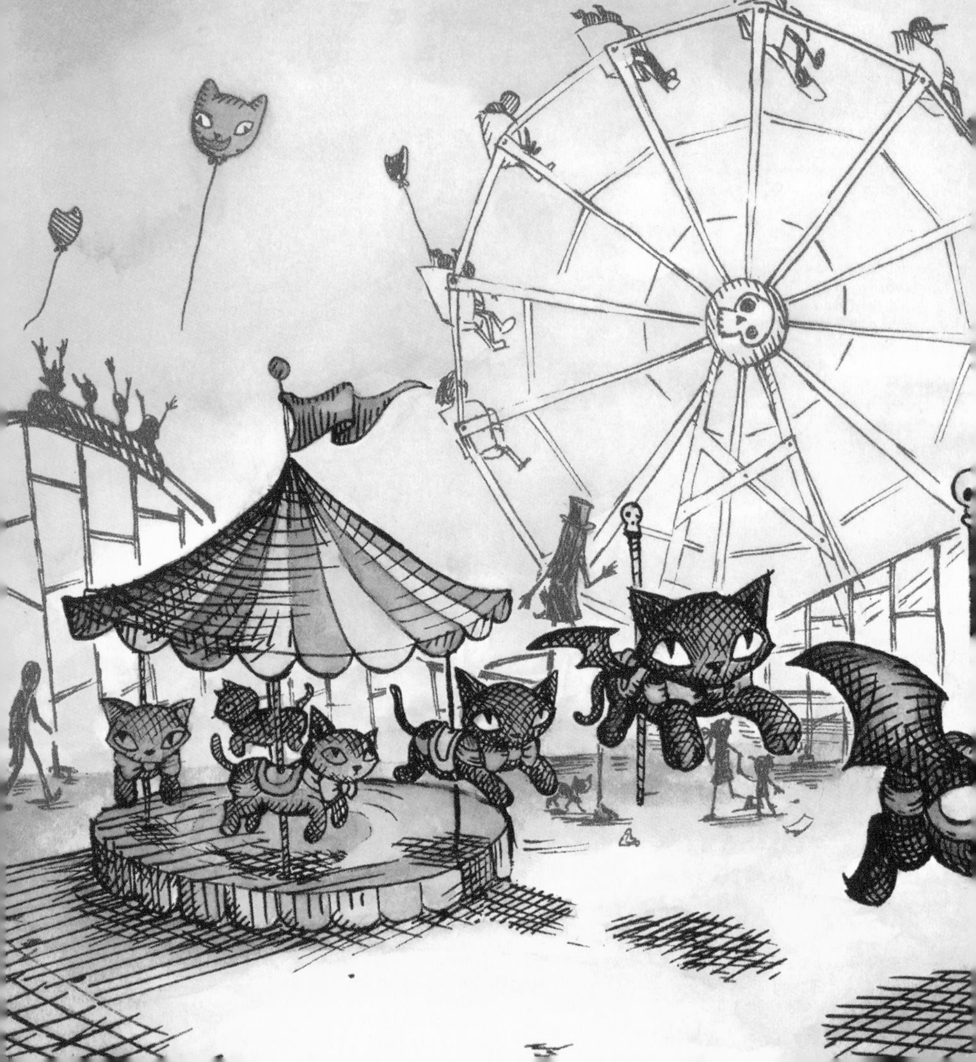

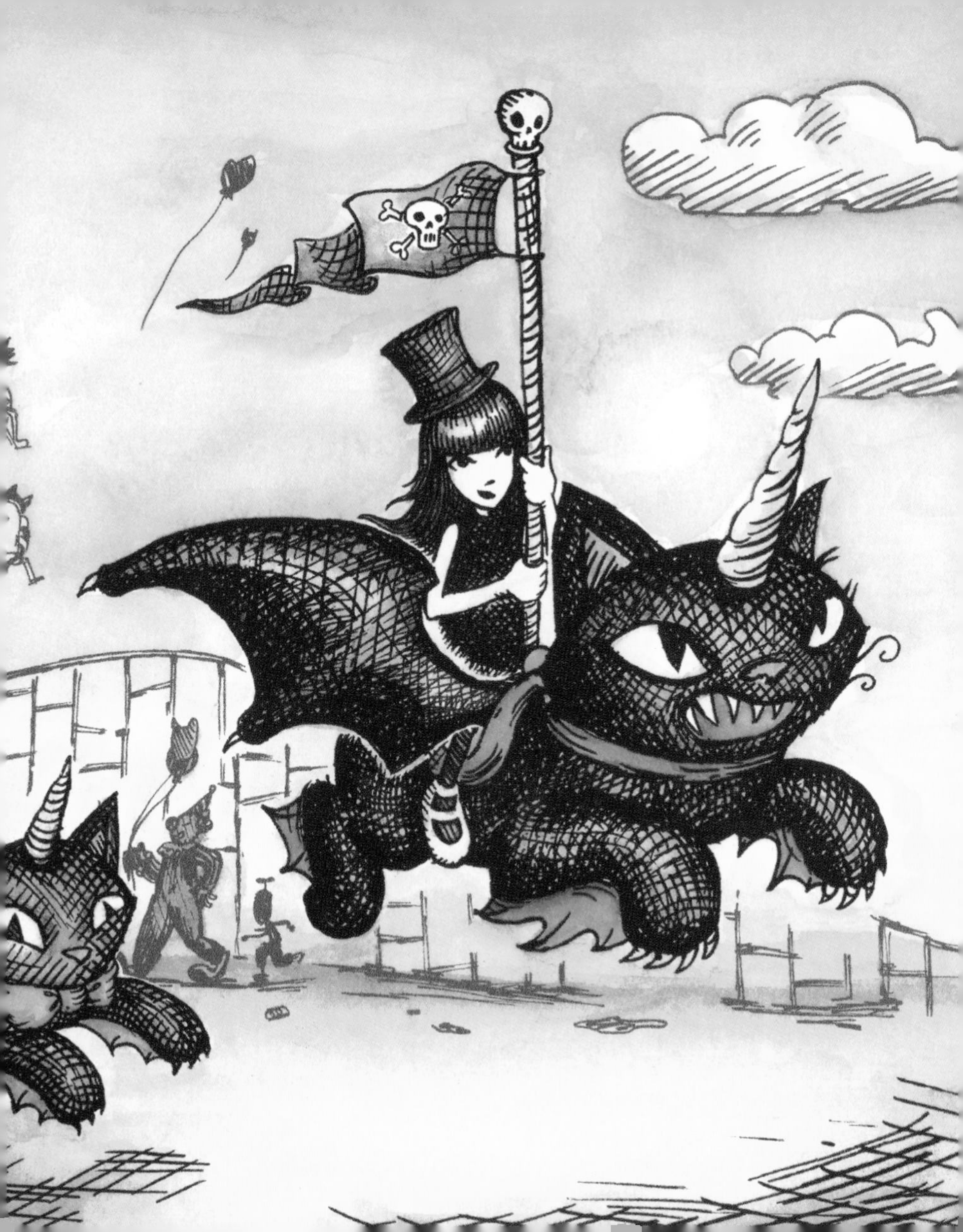

2 Un mal paso...

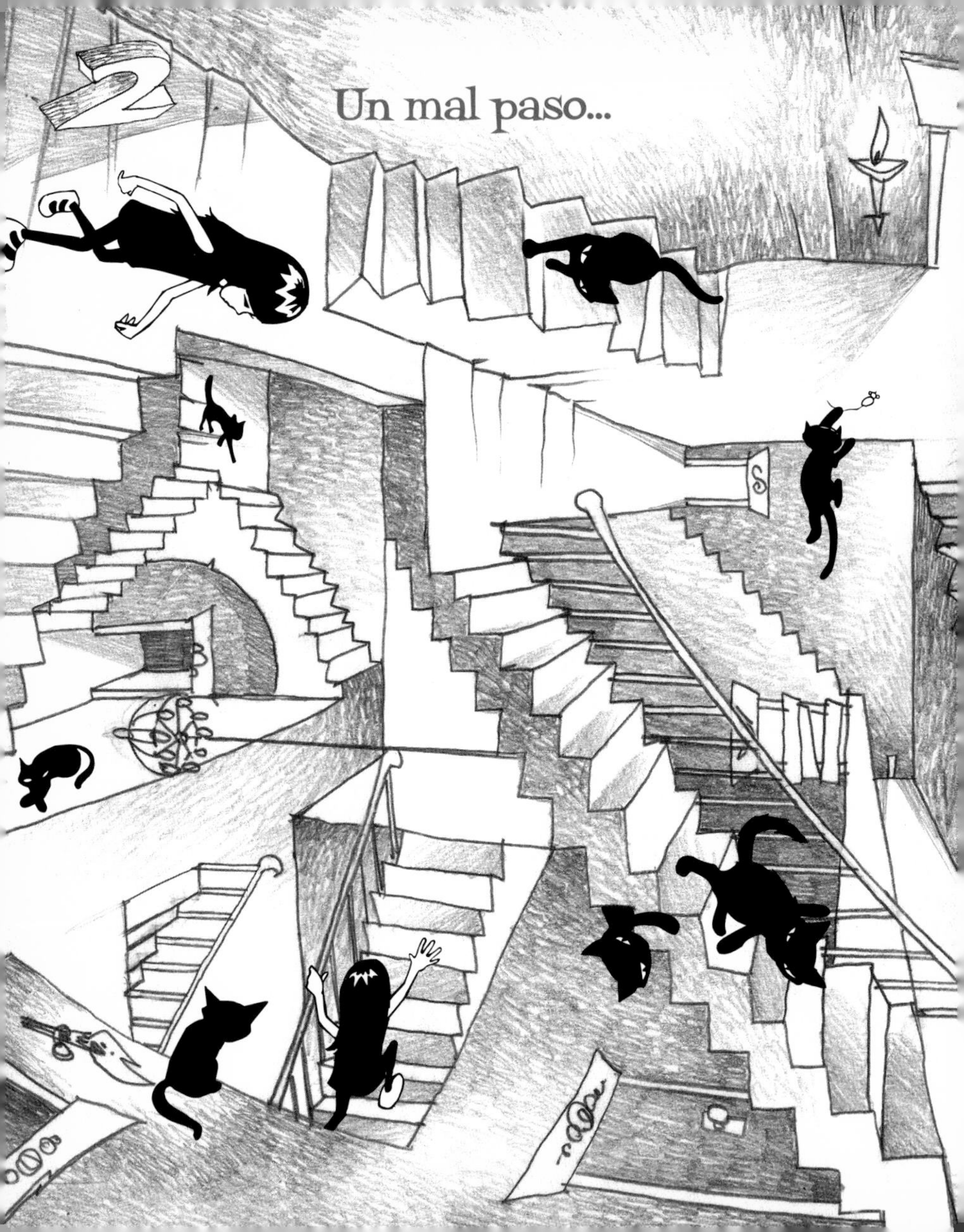

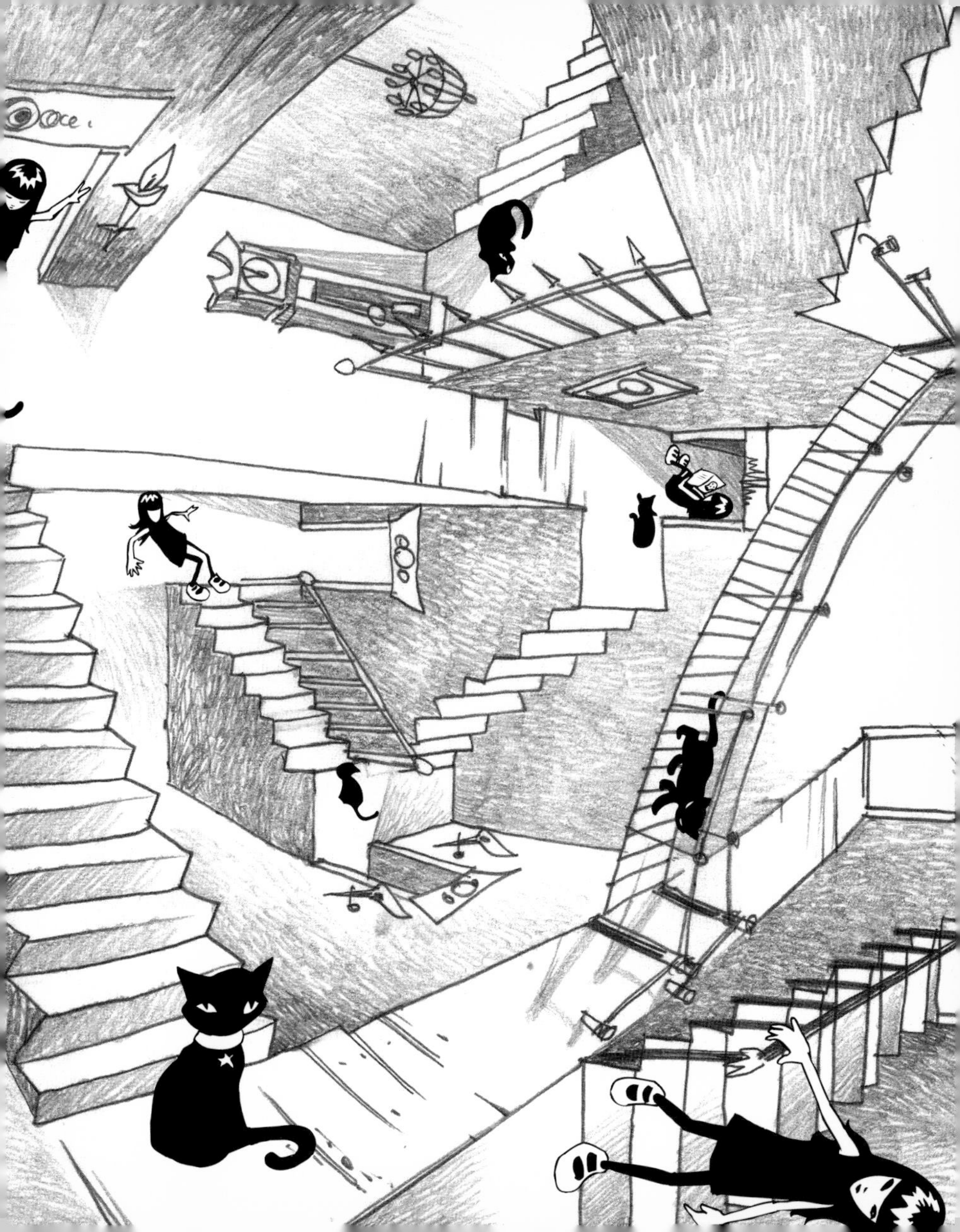

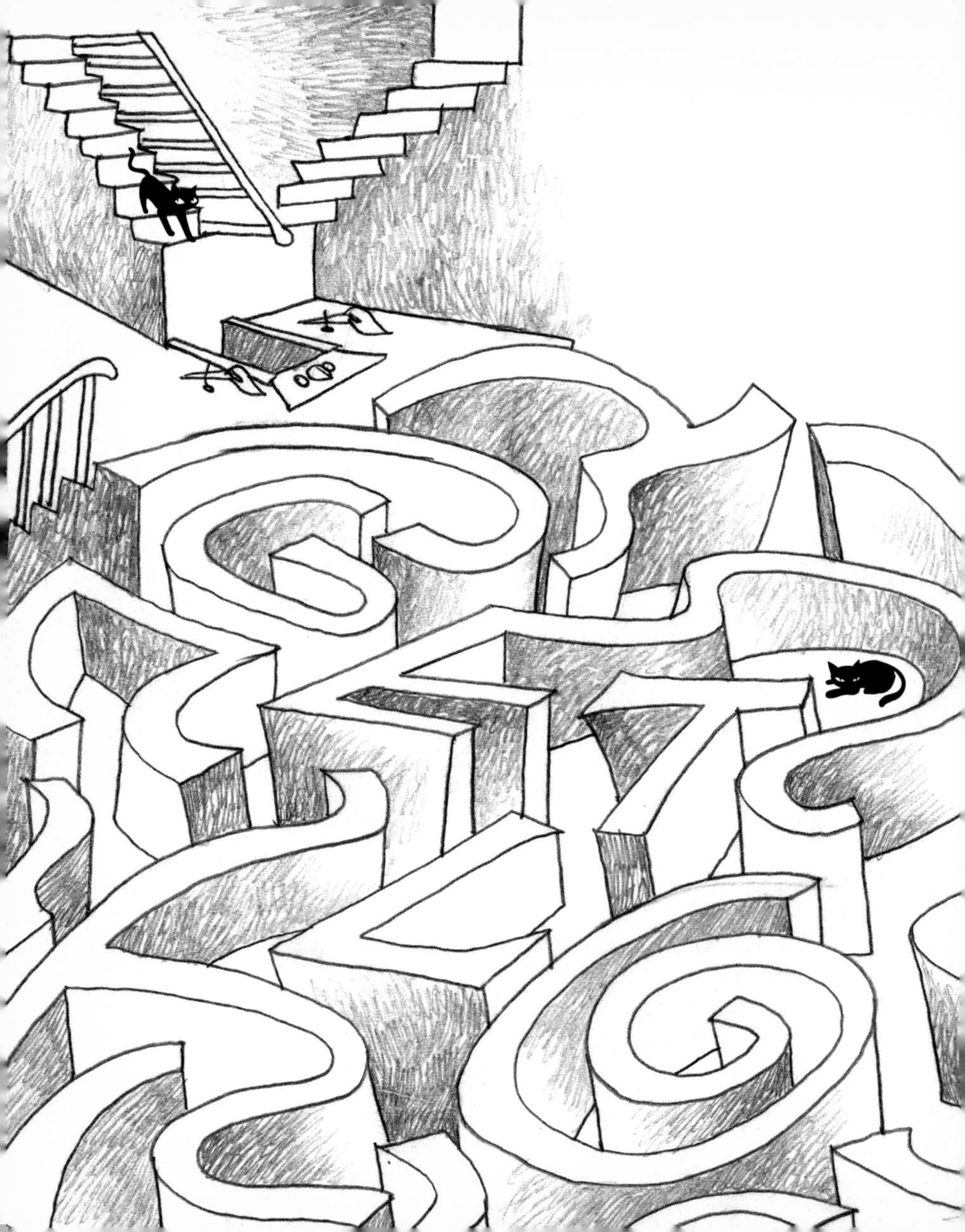

...y estás perdido.

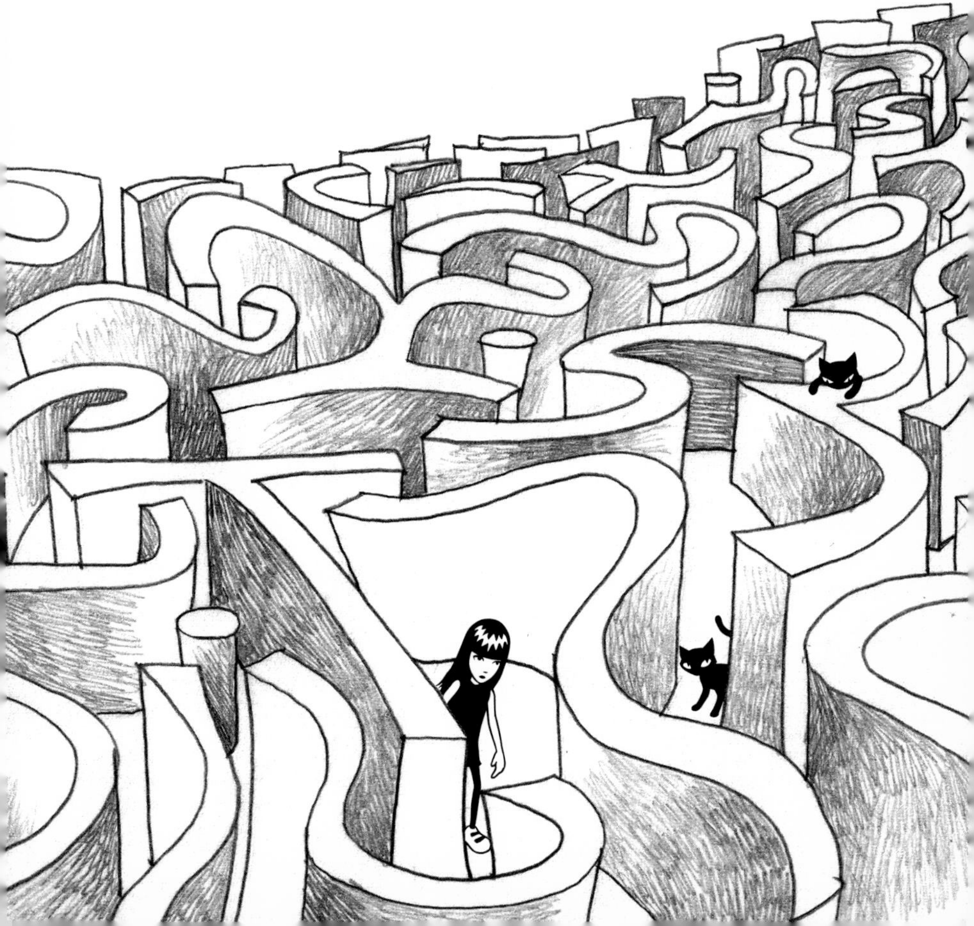

3

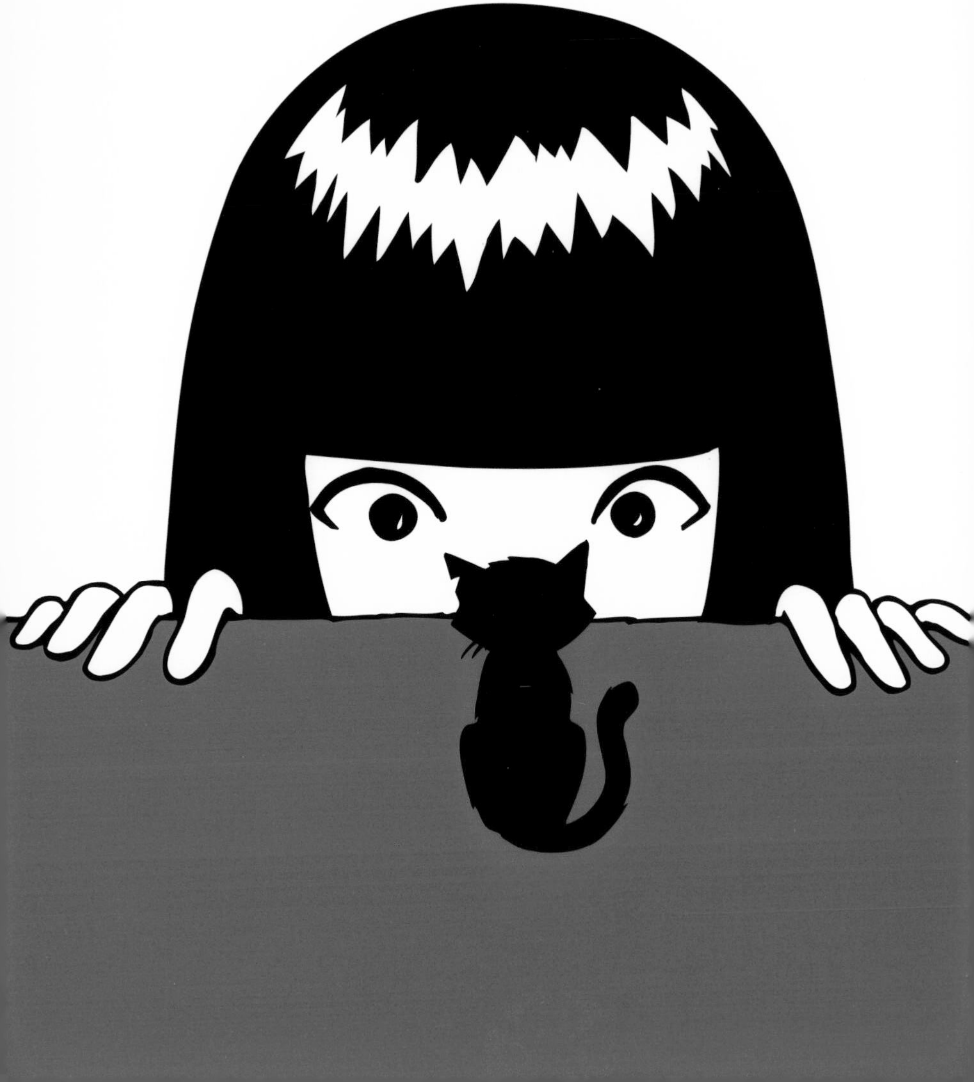

La perrrrspectiva depende...

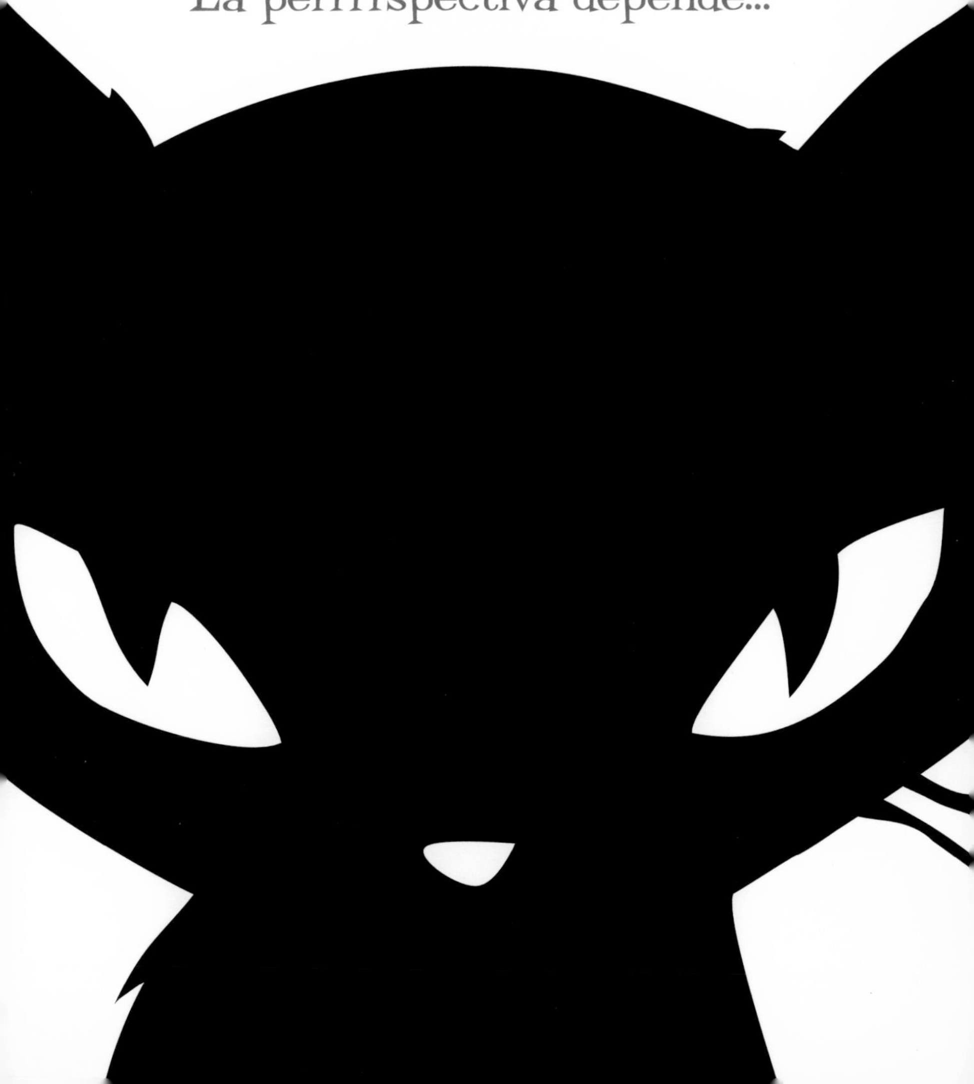

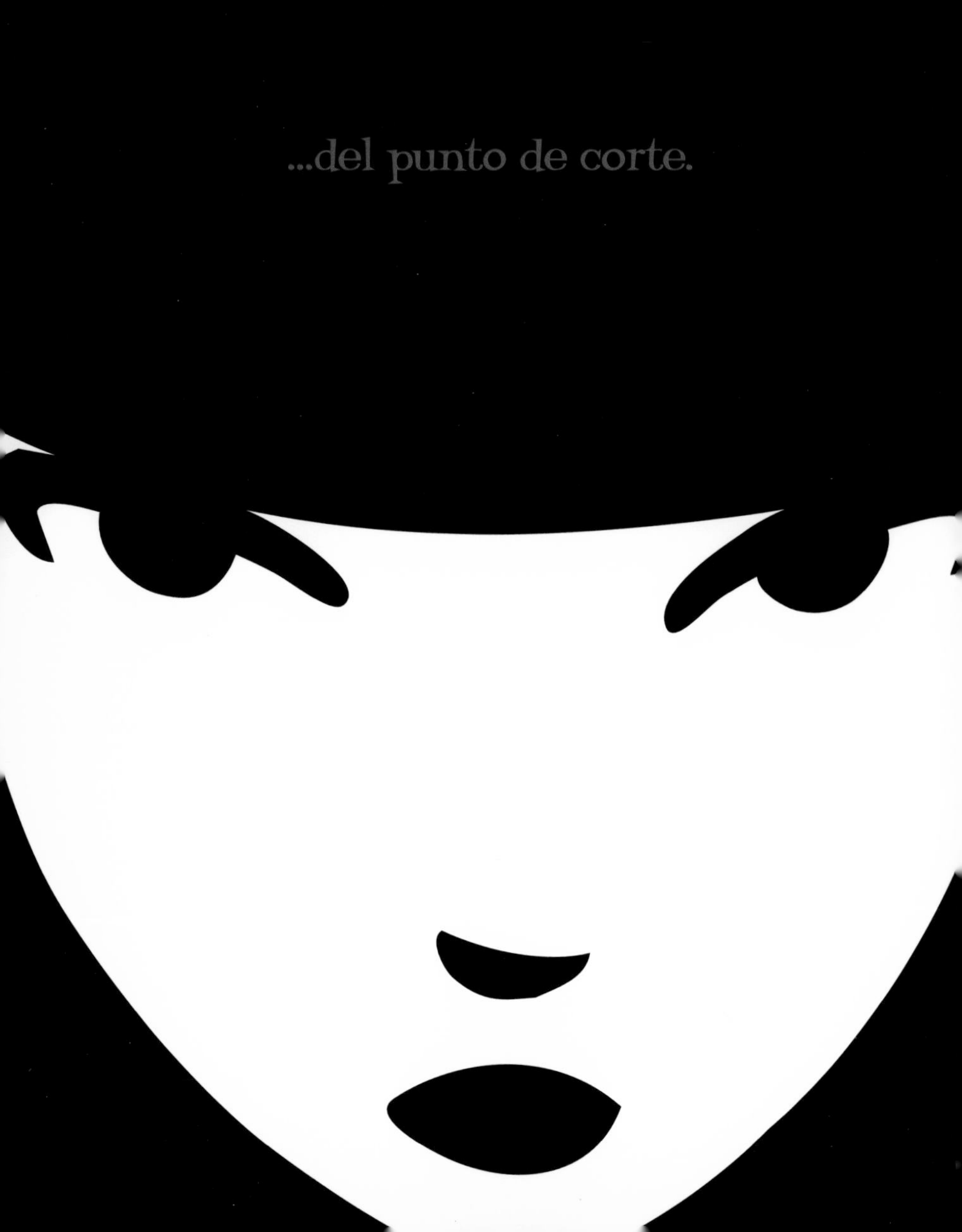
...del punto de corte.

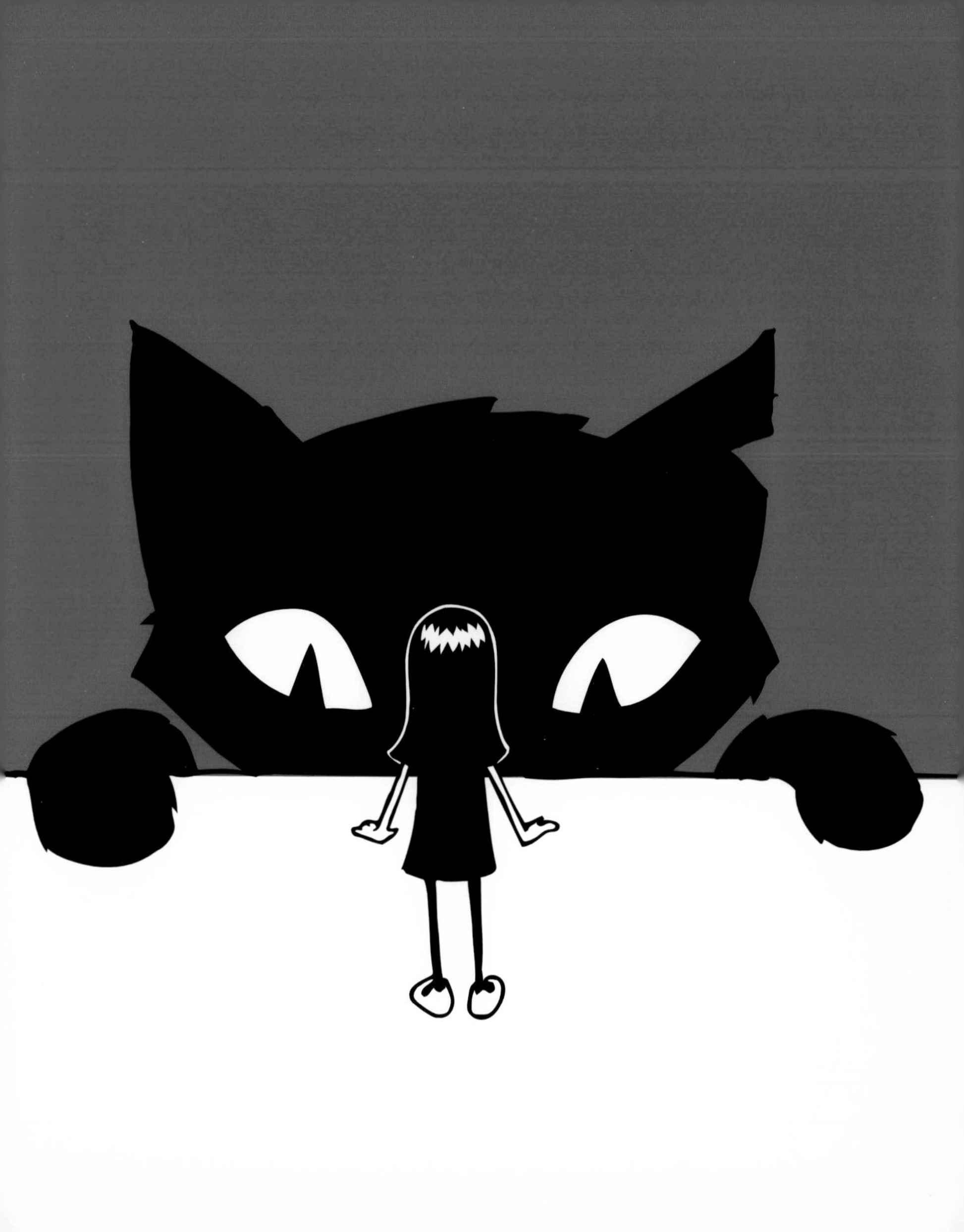

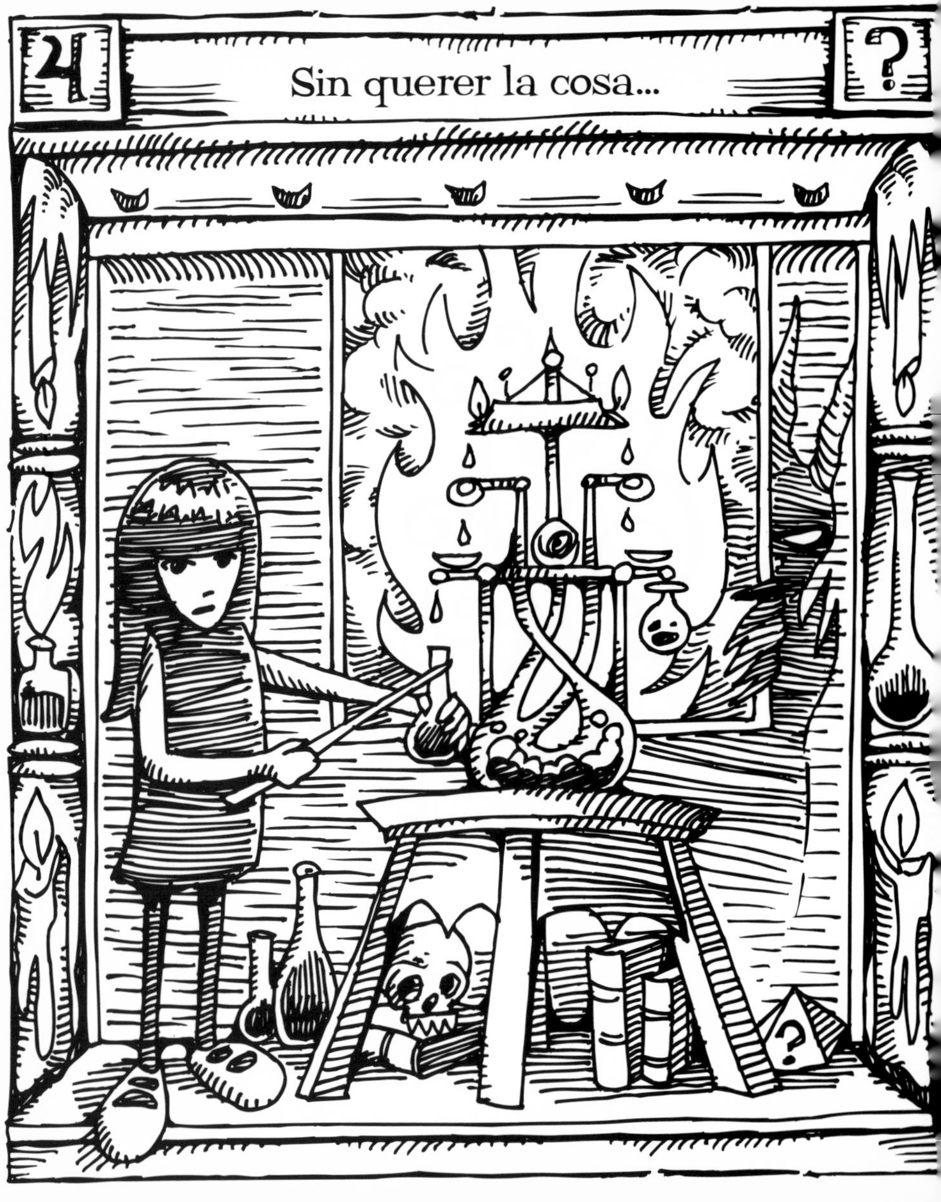
4
Sin querer la cosa...
?

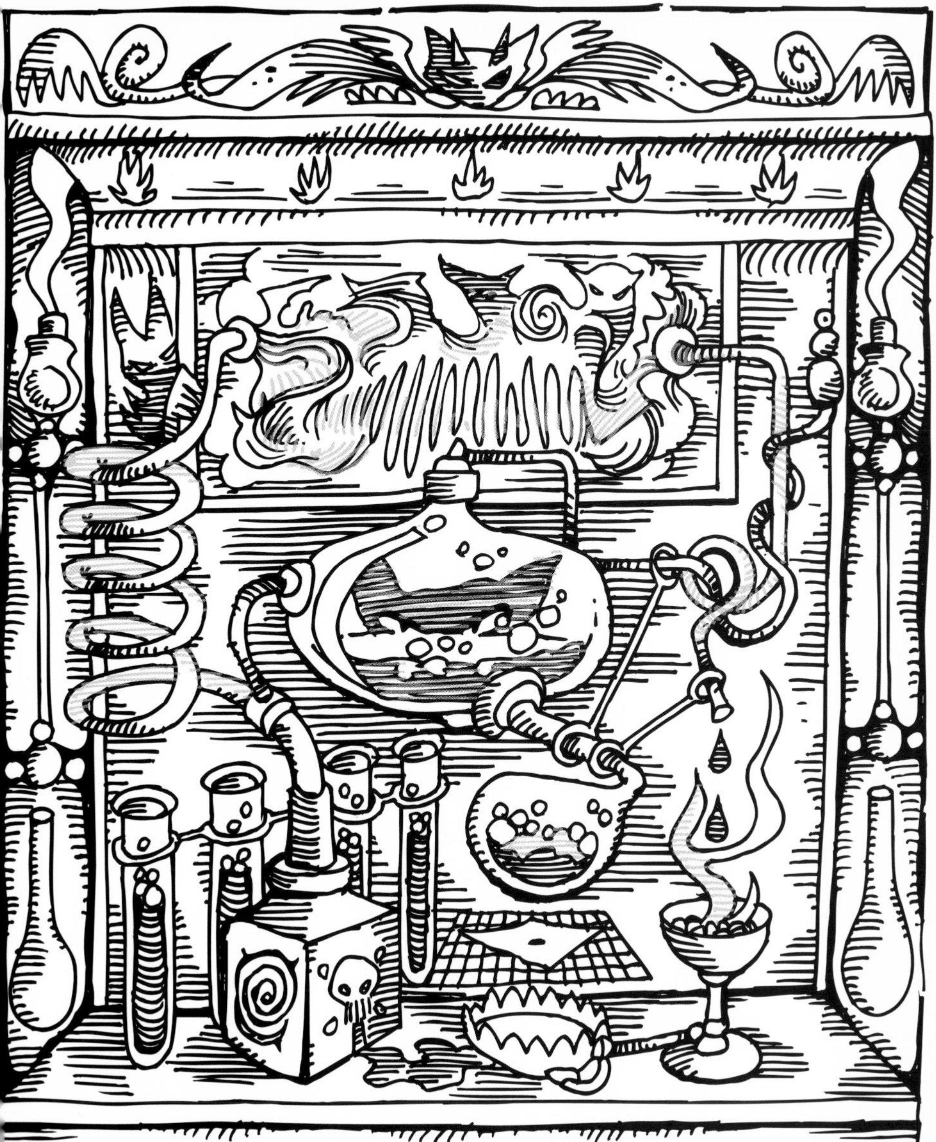

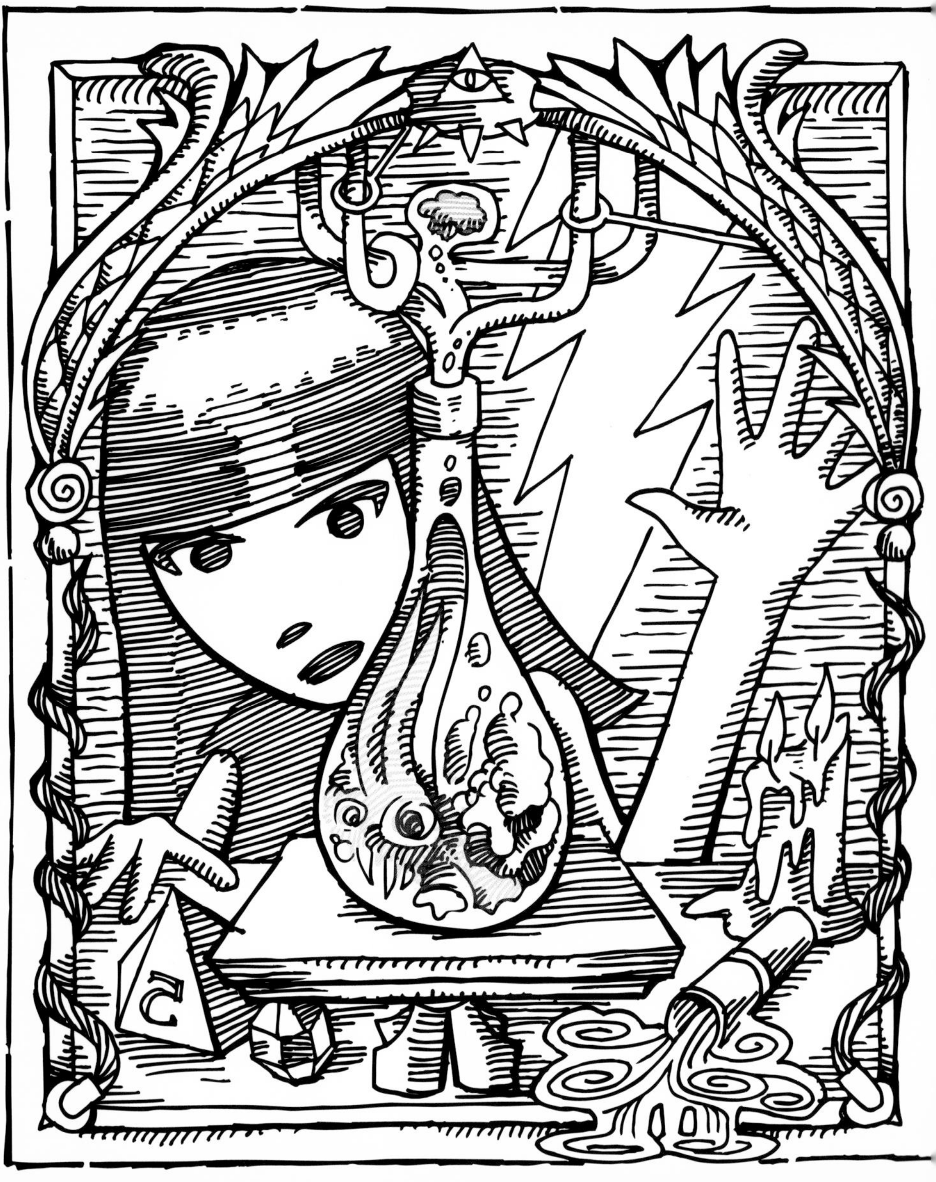

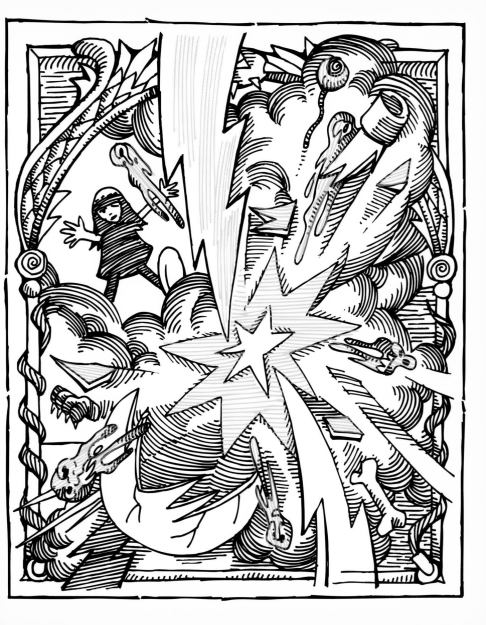

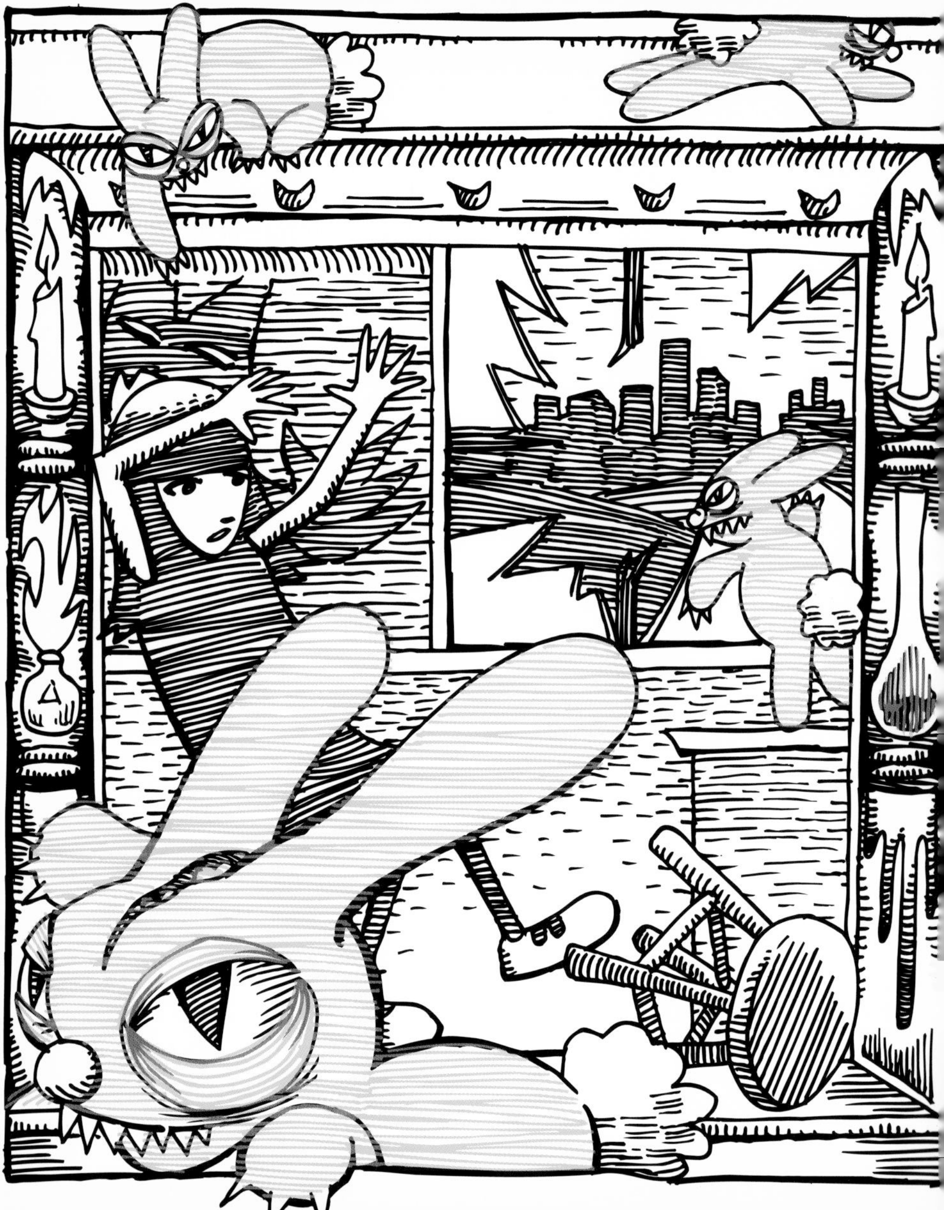

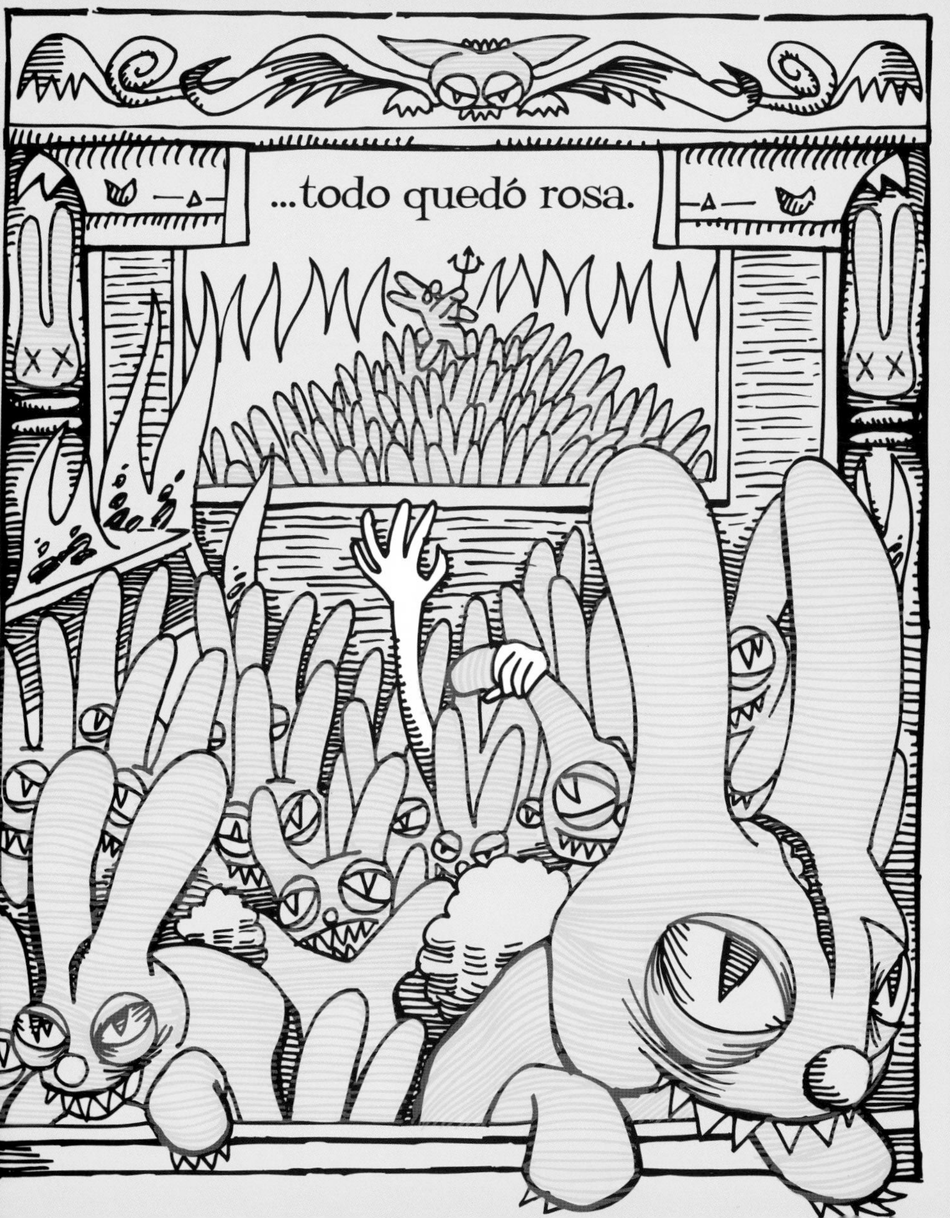
...todo quedó rosa.

5

Más vale estar sola...

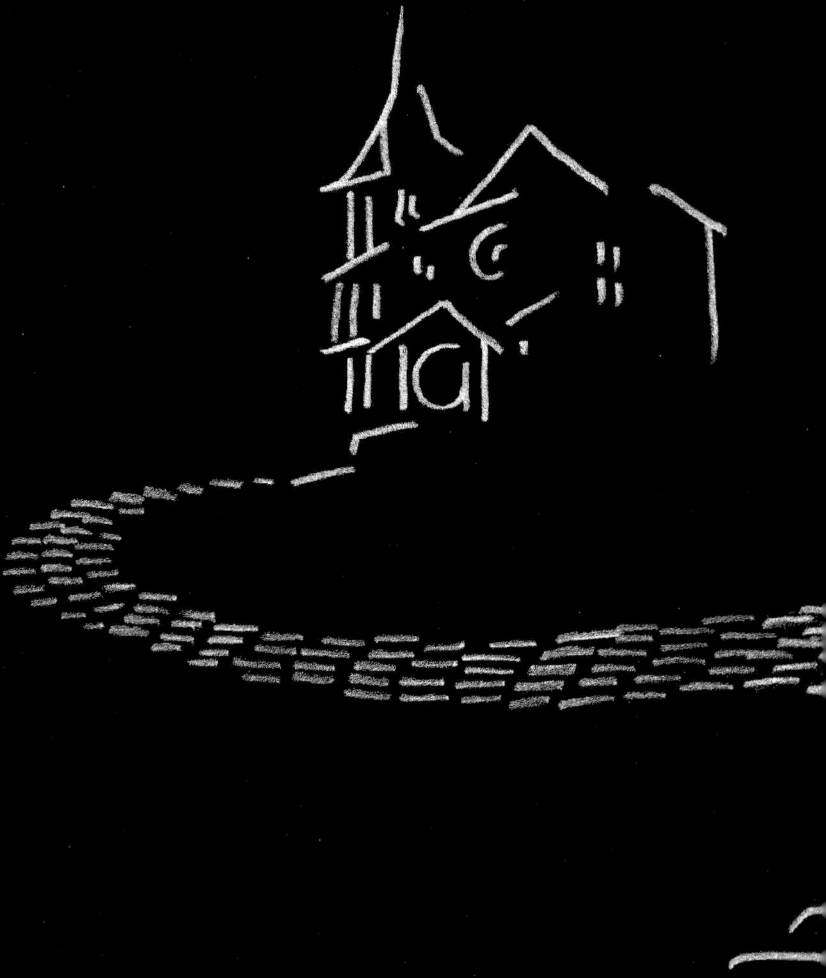

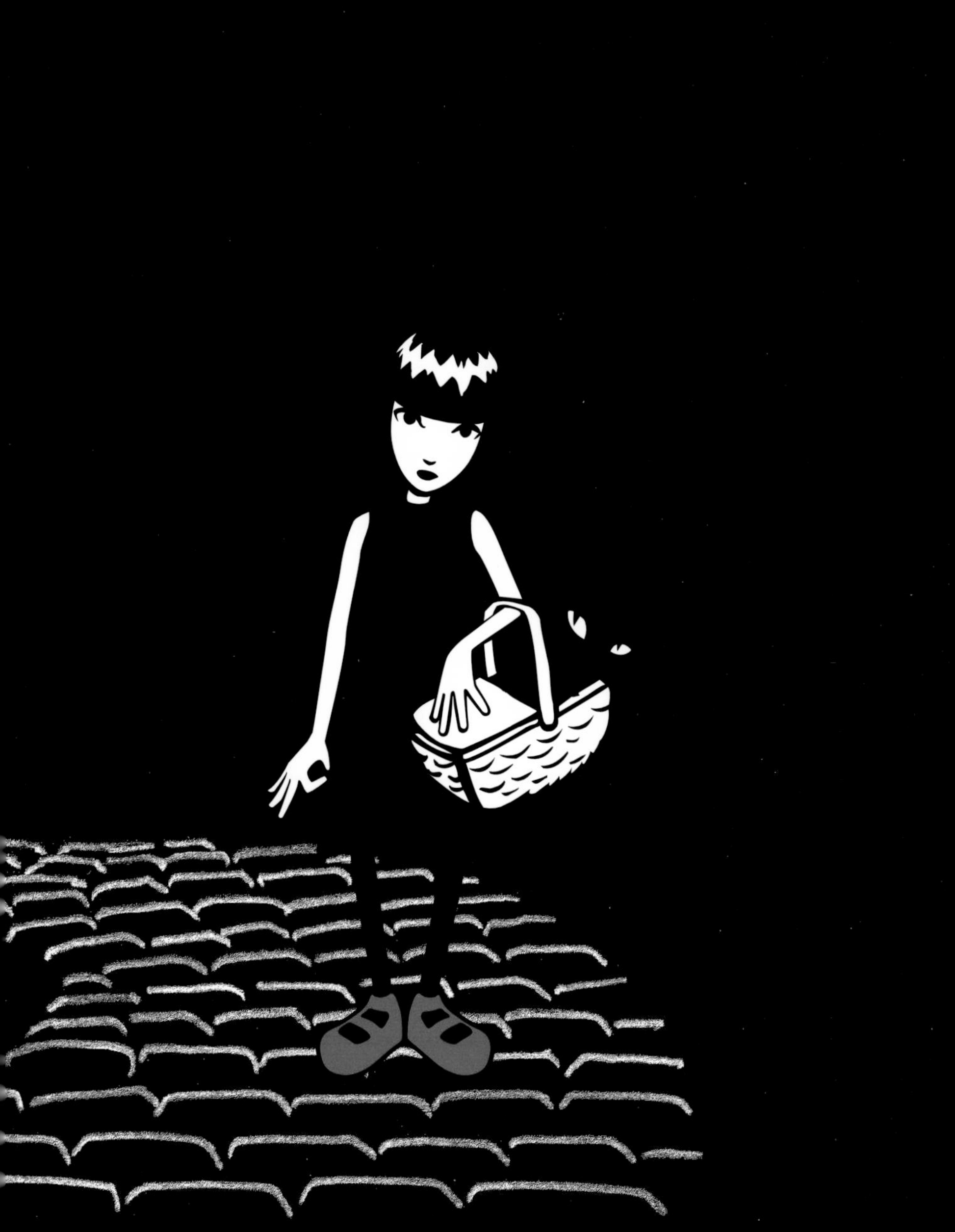

...o tener una
gemela diabólica.

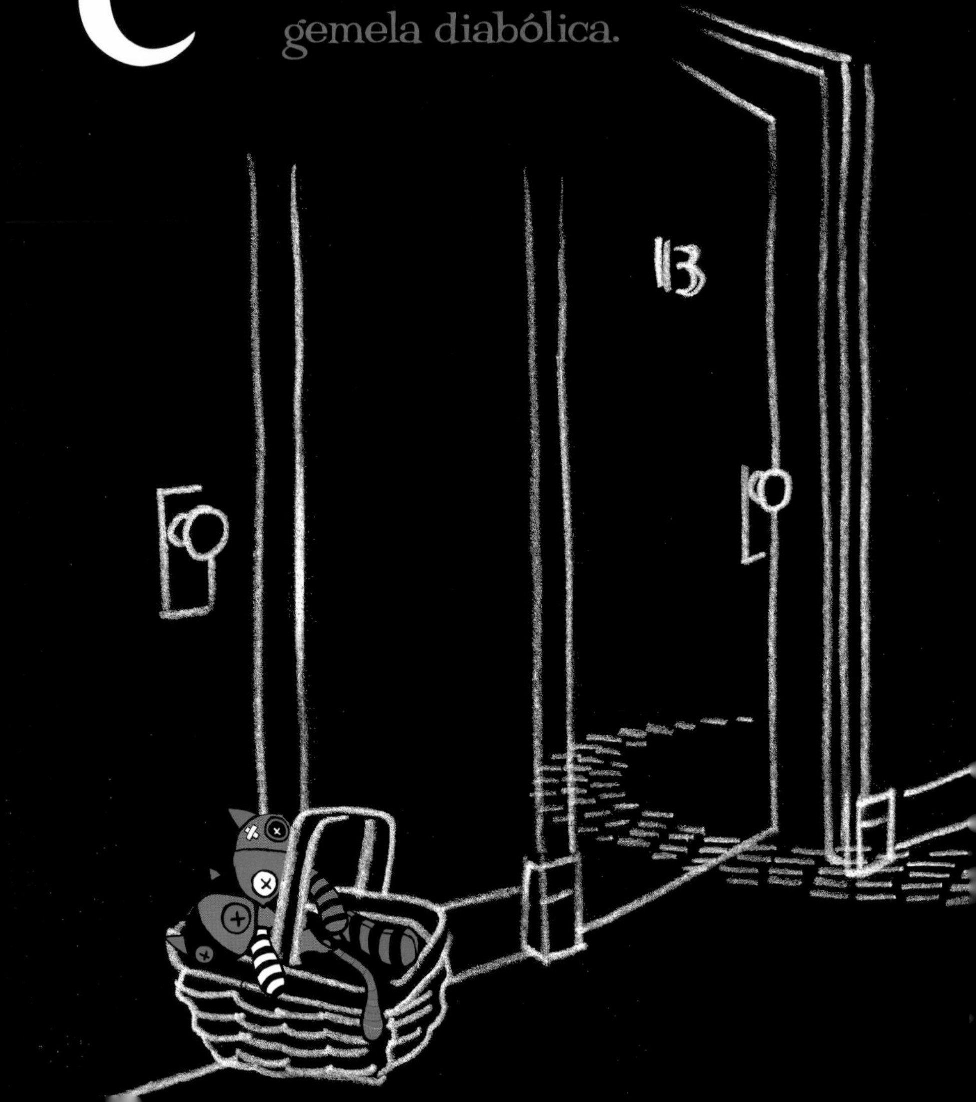

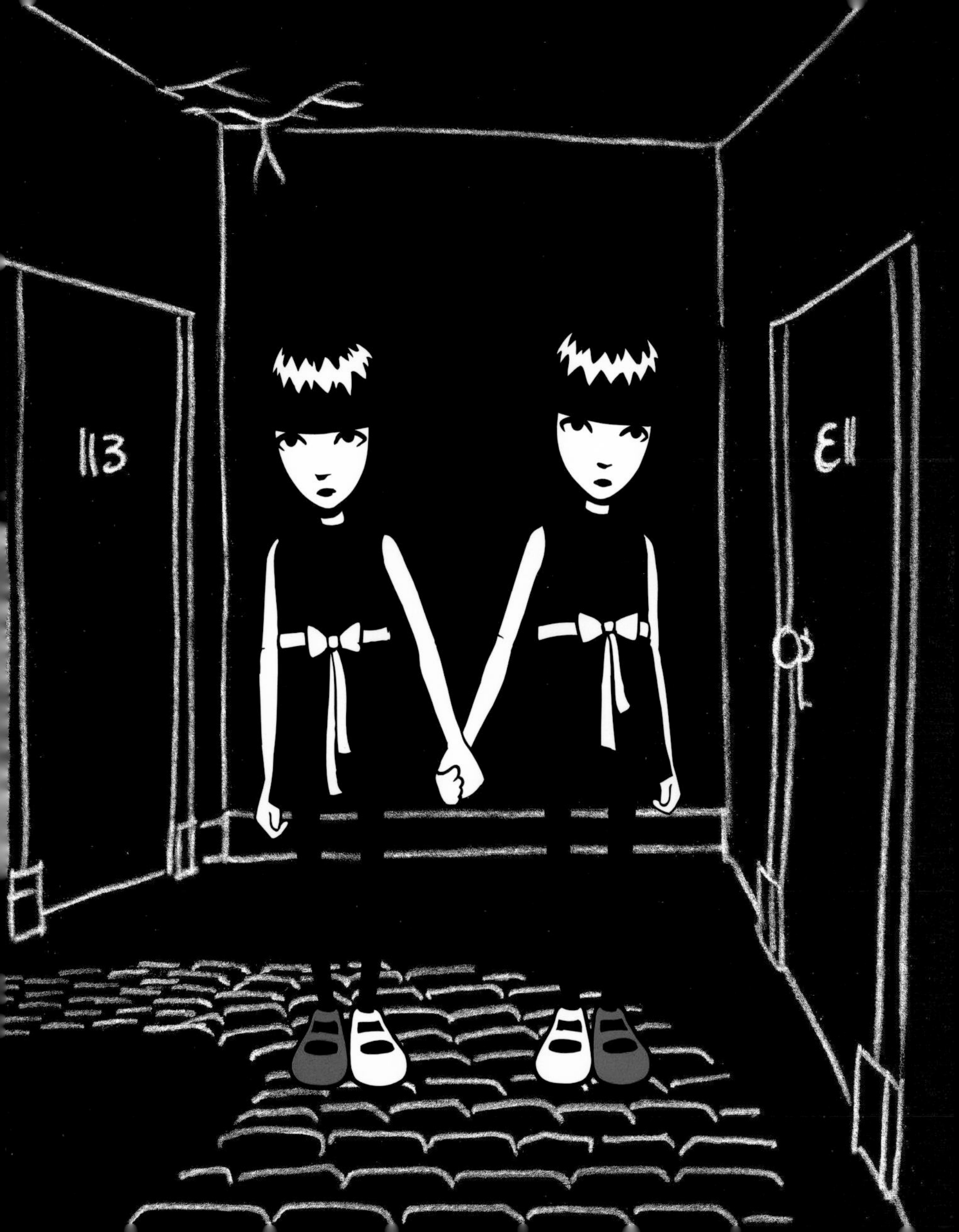
113

6

Cuando Emily va a su bola...

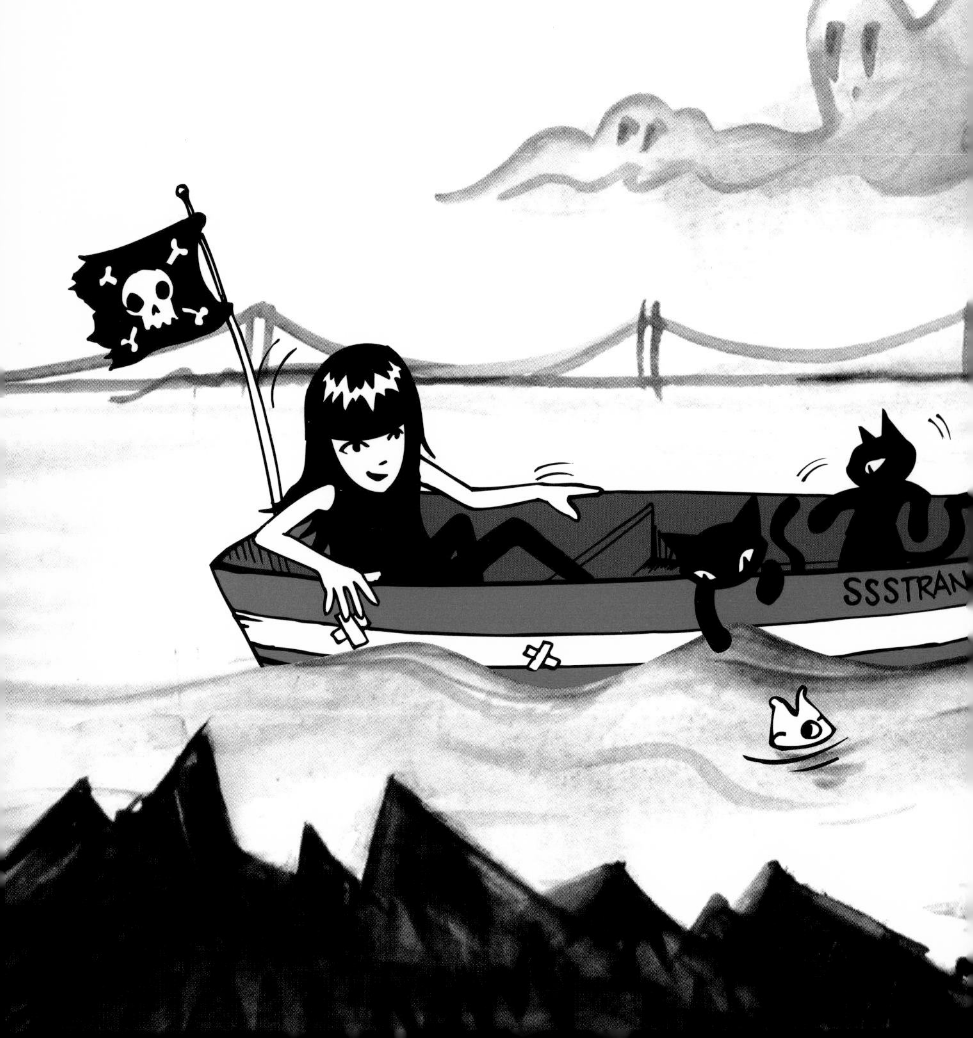
SSSTRAN

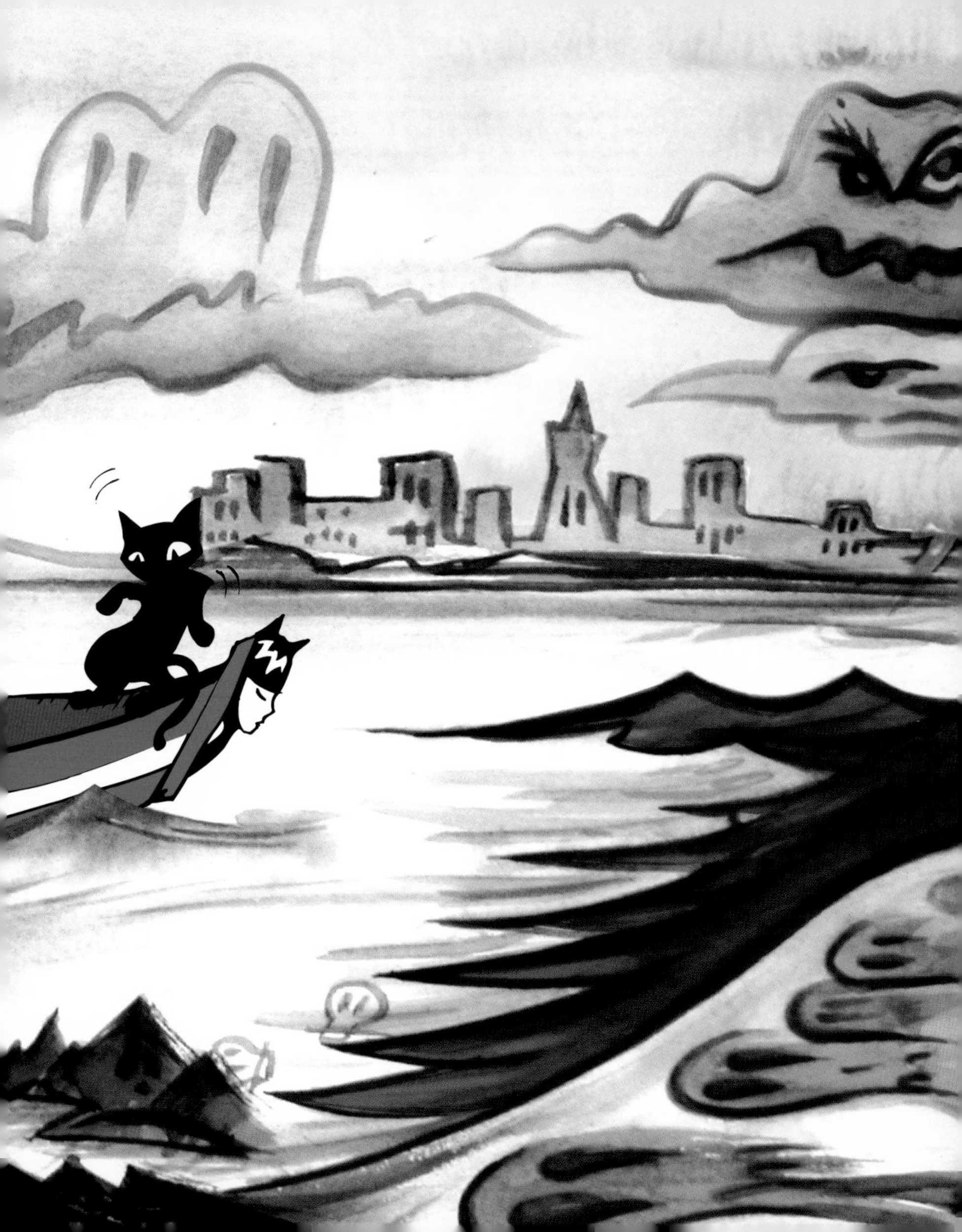

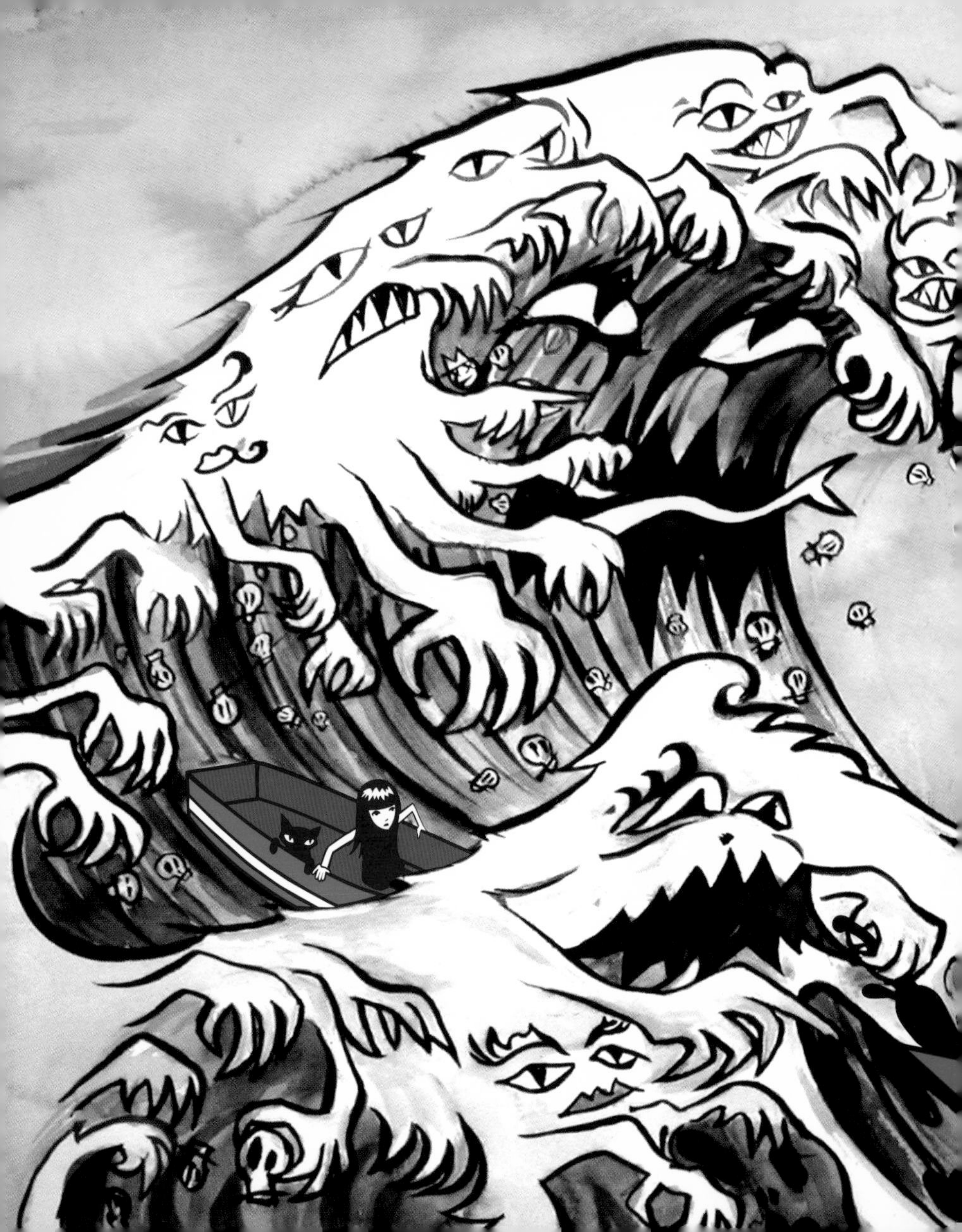

...hace la ola.

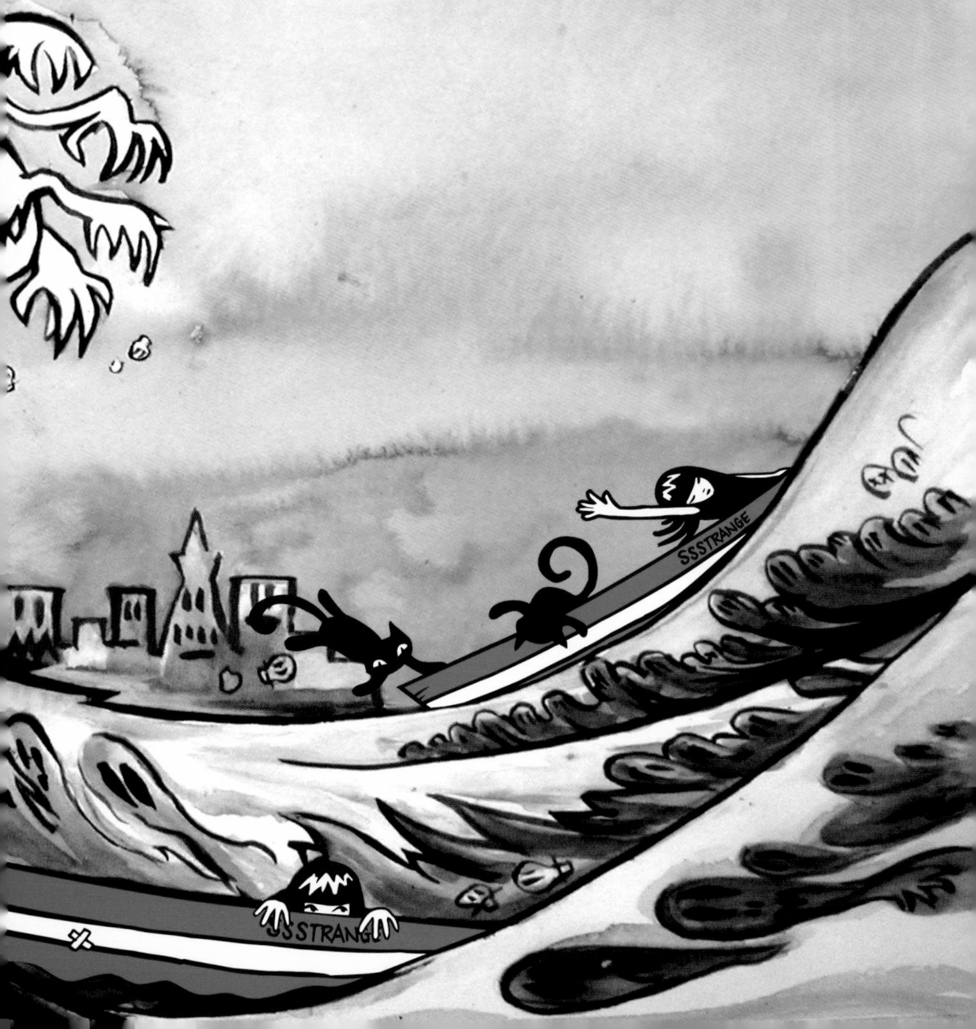
SSSTRANGE

Emily busca...

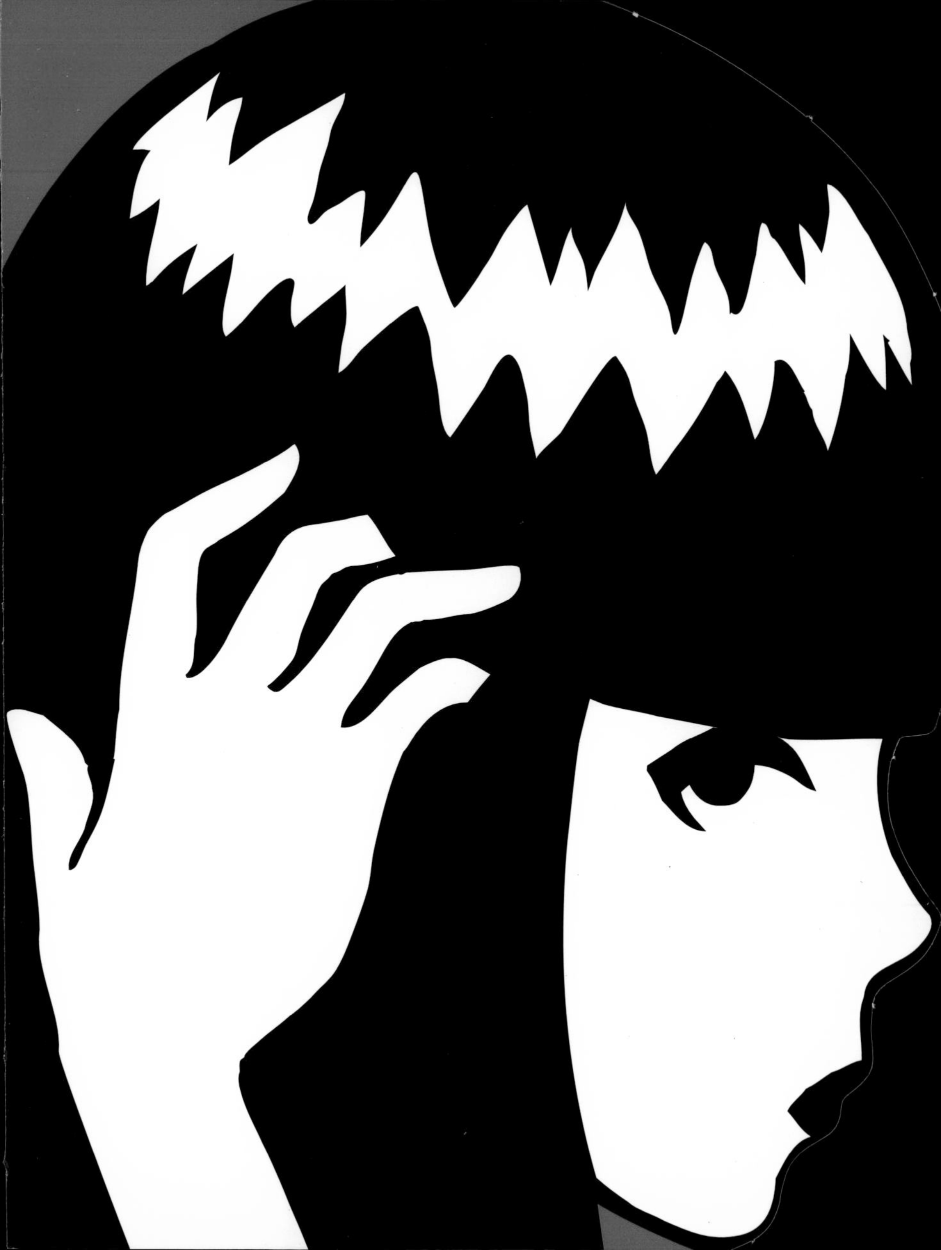

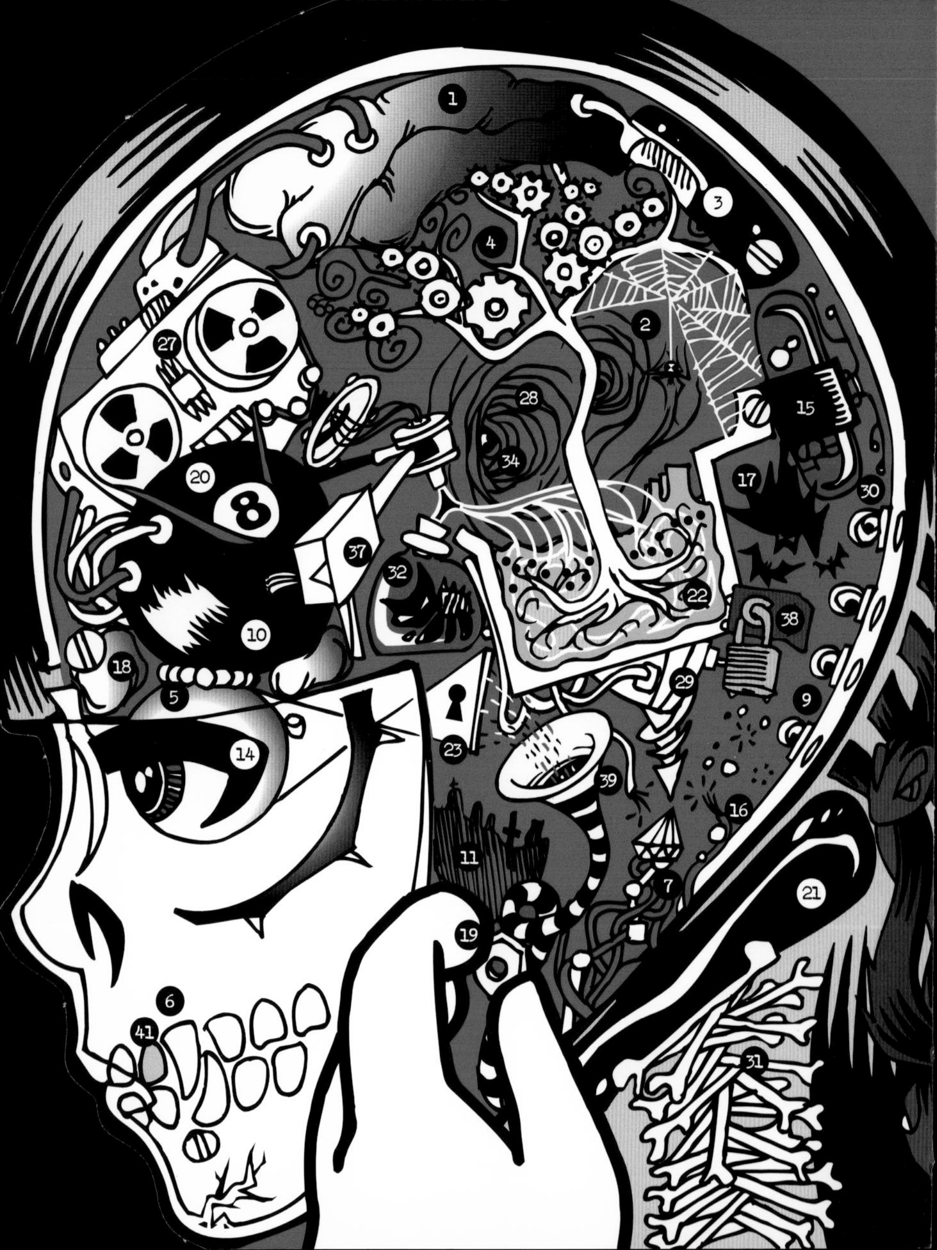
1
3
4
2
27
28
15
34
20
17
30
37
32
22
38
10
18
5
29
9
14
23
39
16
11
7
21
19
6
41
31

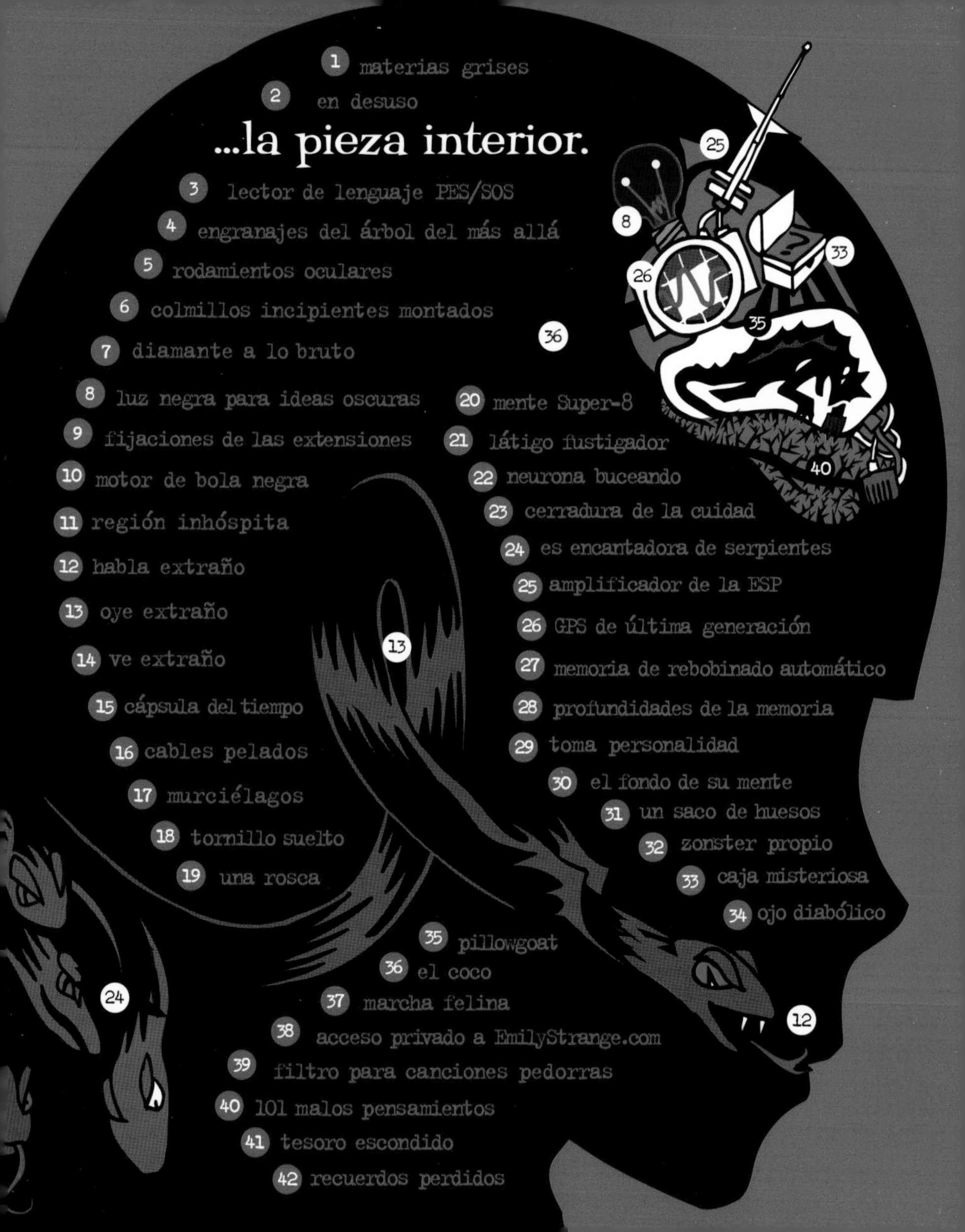
1 materias grises
2 en desuso
...la pieza interior.
3 lector de lenguaje PES/SOS
4 engranajes del árbol del más allá
5 rodamientos oculares
6 colmillos incipientes montados
7 diamante a lo bruto
8 luz negra para ideas oscuras
9 fijaciones de las extensiones
10 motor de bola negra
11 región inhóspita
12 habla extraño
13 oye extraño
14 ve extraño
15 cápsula del tiempo
16 cables pelados
17 murciélagos
18 tornillo suelto
19 una rosca
20 mente Super-8
21 látigo fustigador
22 neurona buceando
23 cerradura de la cuidad
24 es encantadora de serpientes
25 amplificador de la ESP
26 GPS de última generación
27 memoria de rebobinado automático
28 profundidades de la memoria
29 toma personalidad
30 el fondo de su mente
31 un saco de huesos
32 zonster propio
33 caja misteriosa
34 ojo diabólico
35 pillowgoat
36 el coco
37 marcha felina
38 acceso privado a EmilyStrange.com
39 filtro para canciones pedorras
40 101 malos pensamientos
41 tesoro escondido
42 recuerdos perdidos
25
8
33
26
35
36
40
13
24
12

8 Si no puedes tragarlos...

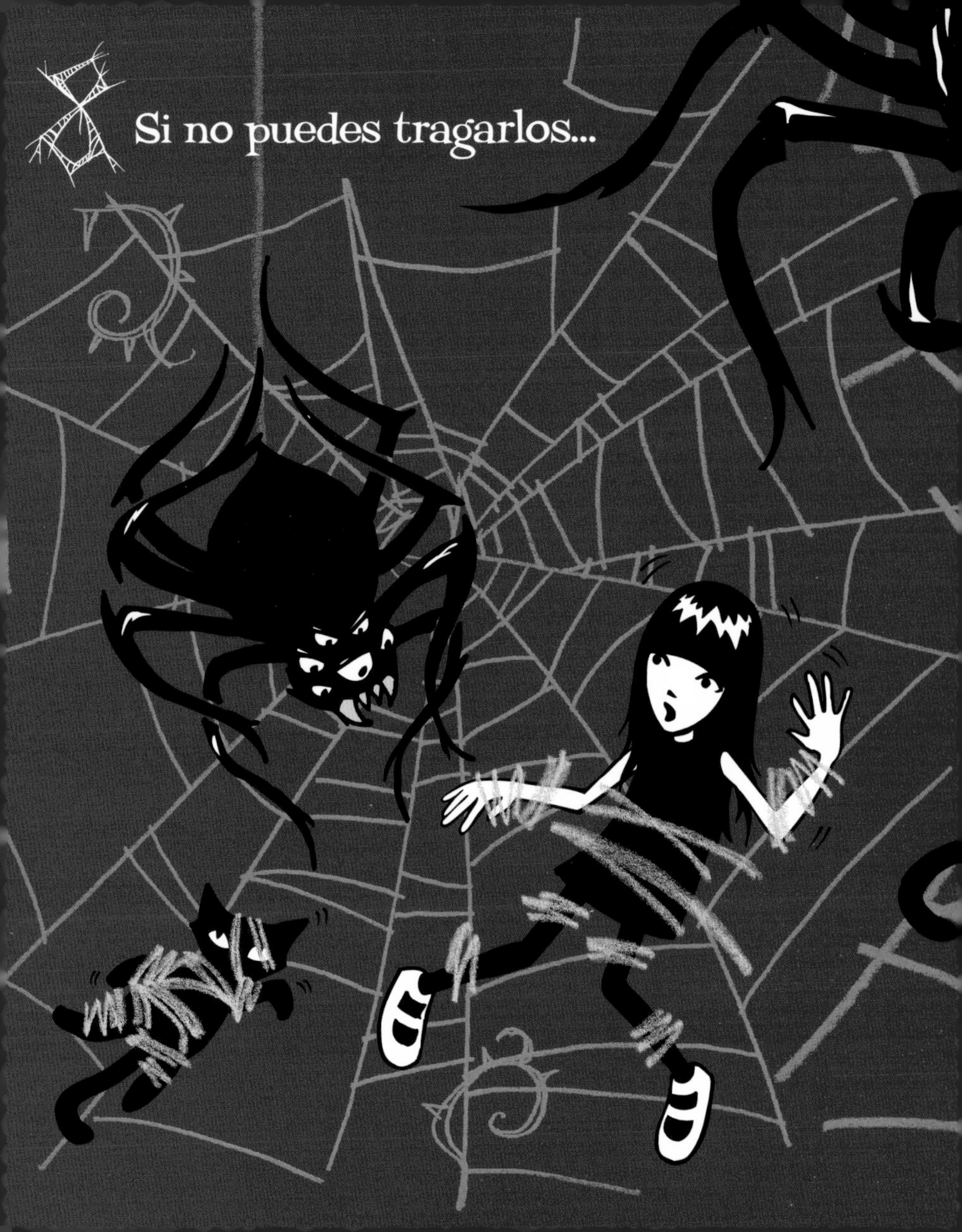

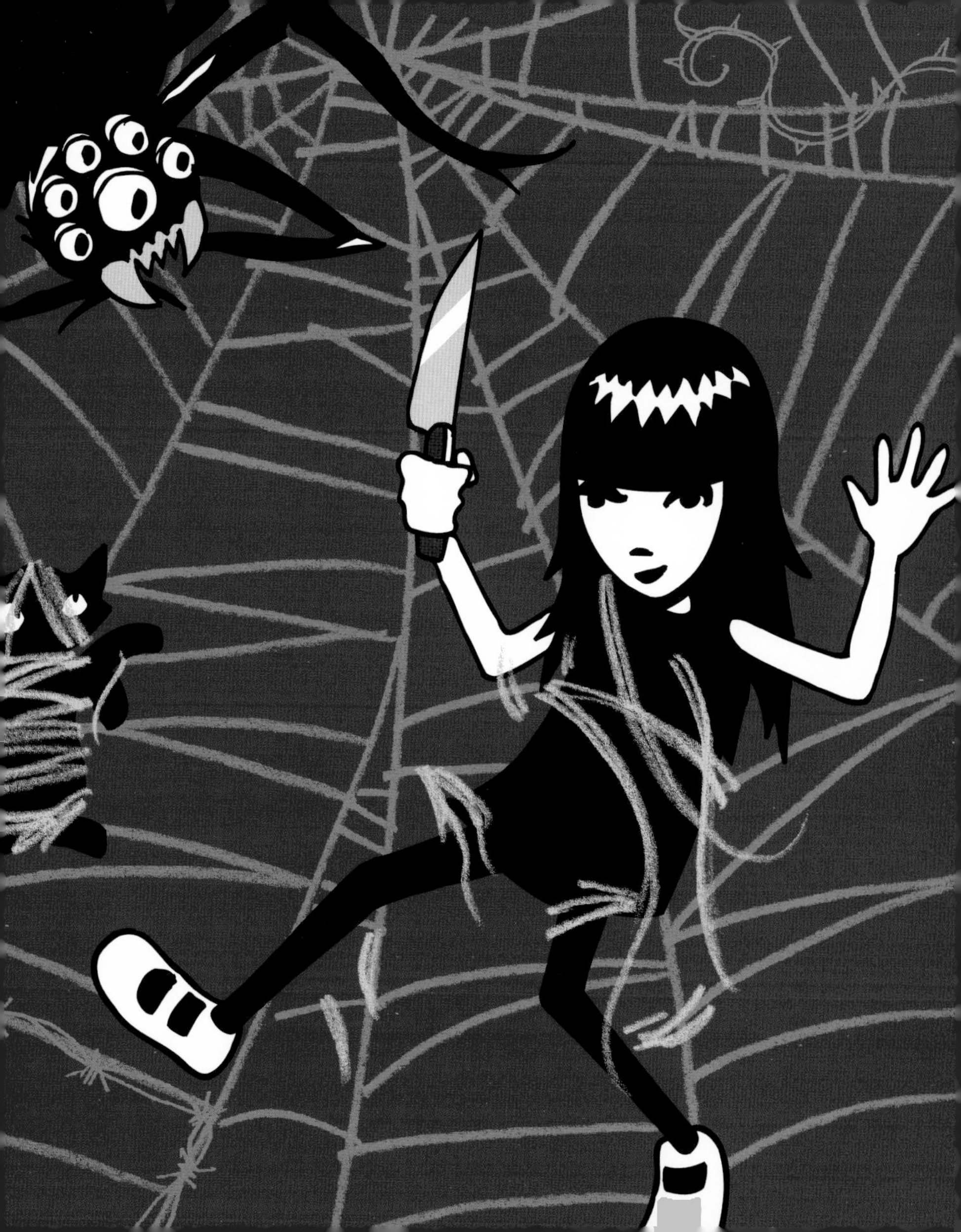

...come con ellos.

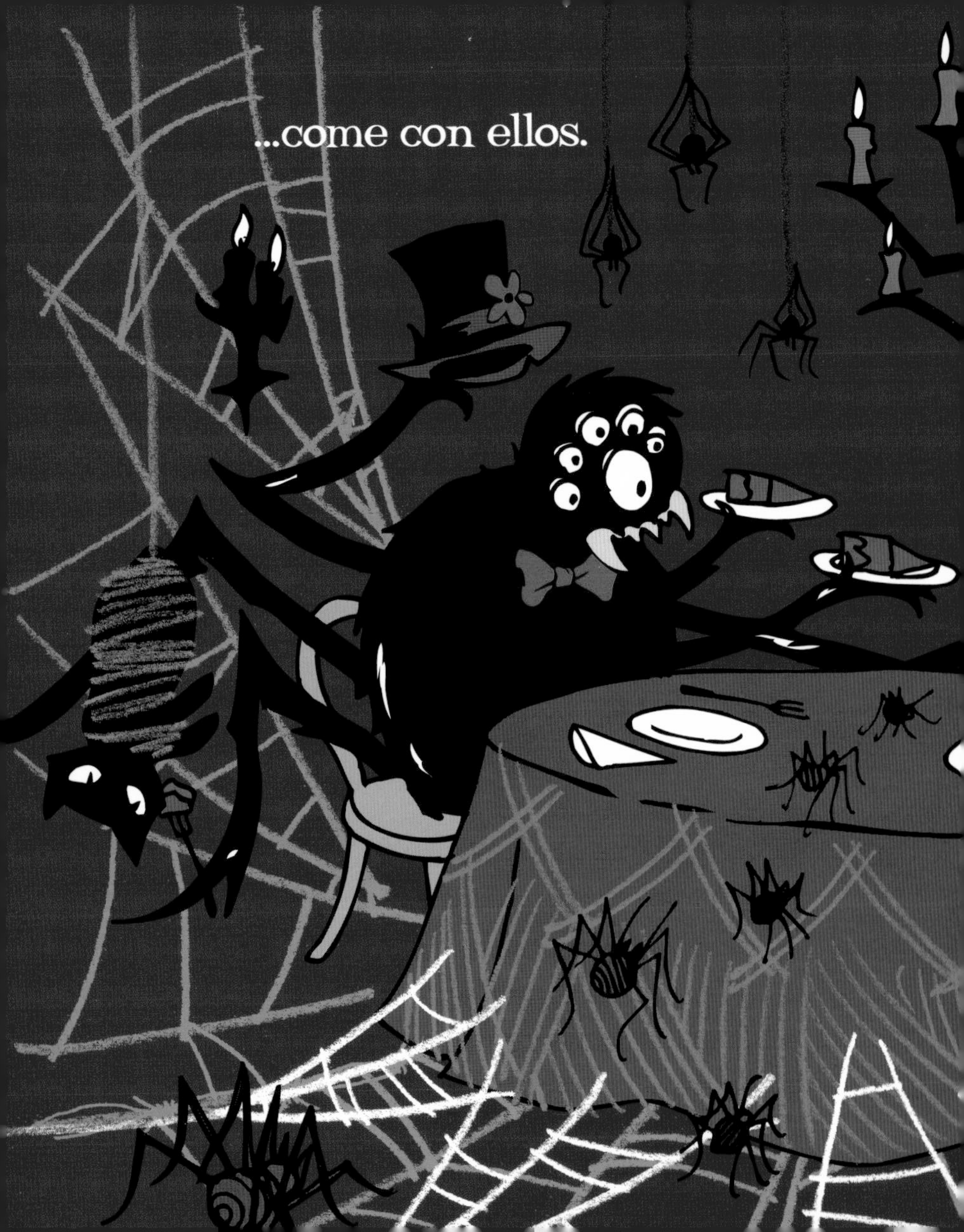

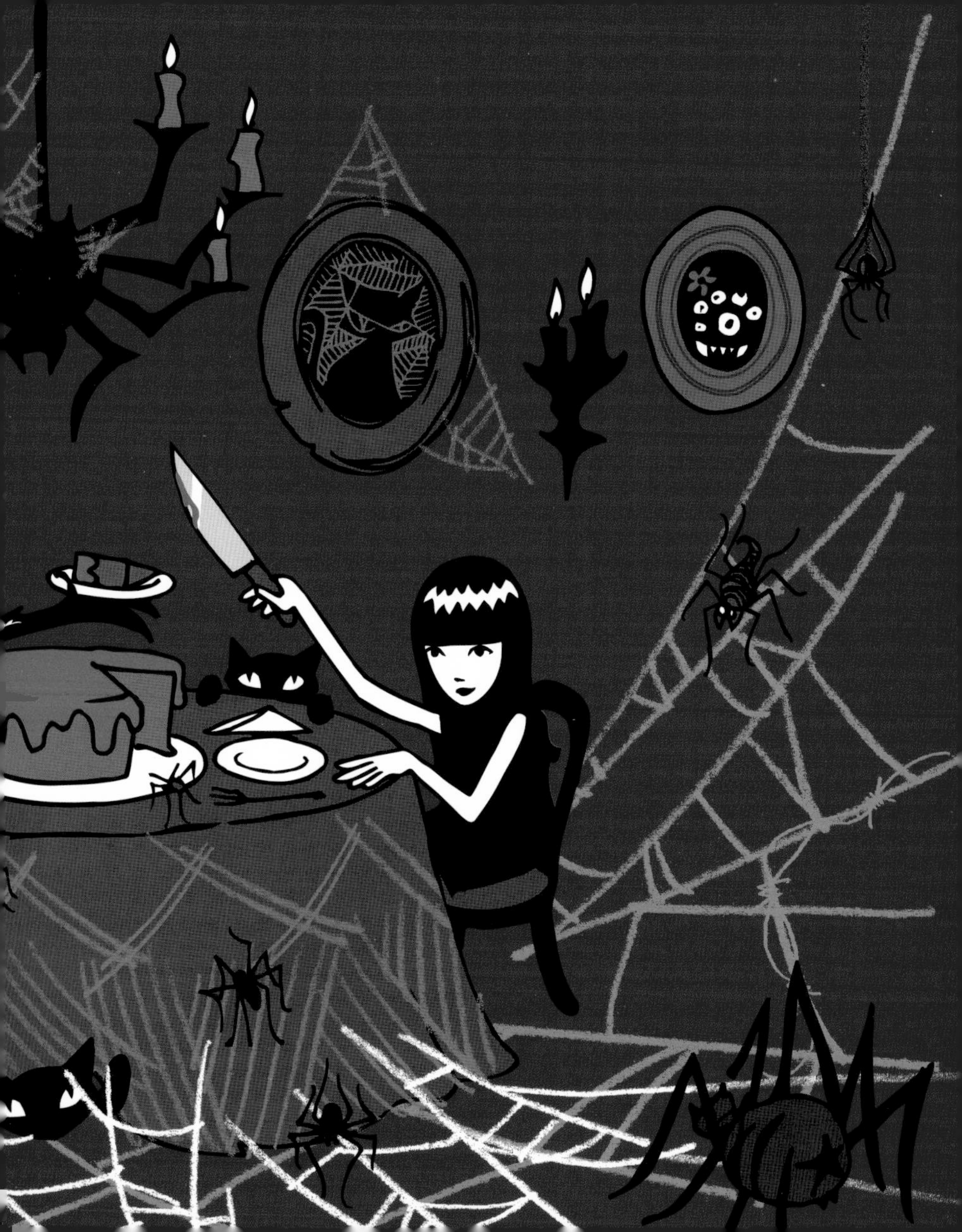

9.

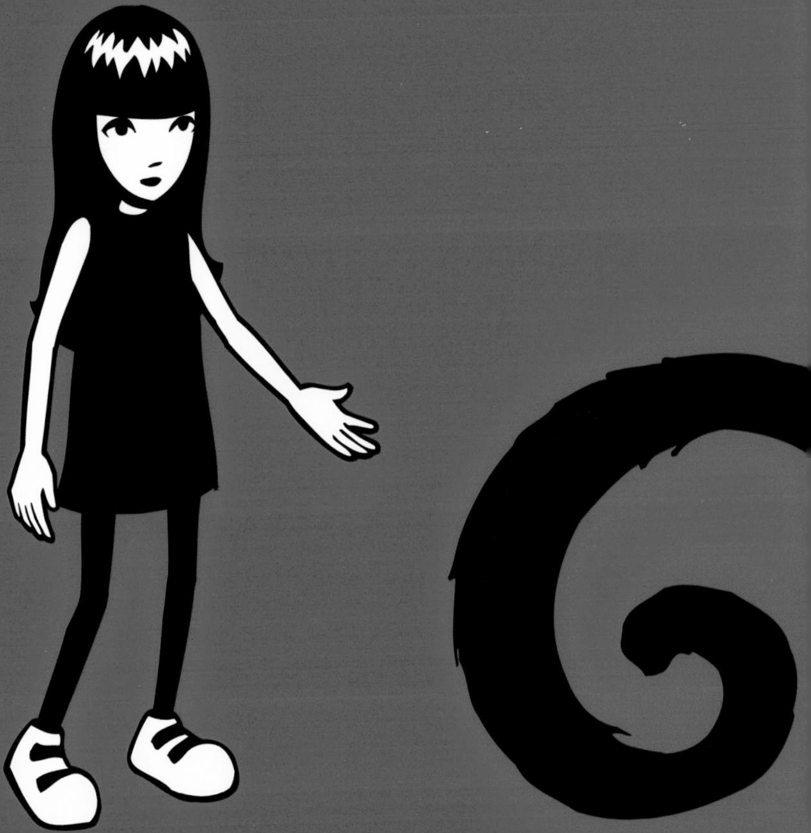

Gatito, ven, gatito...

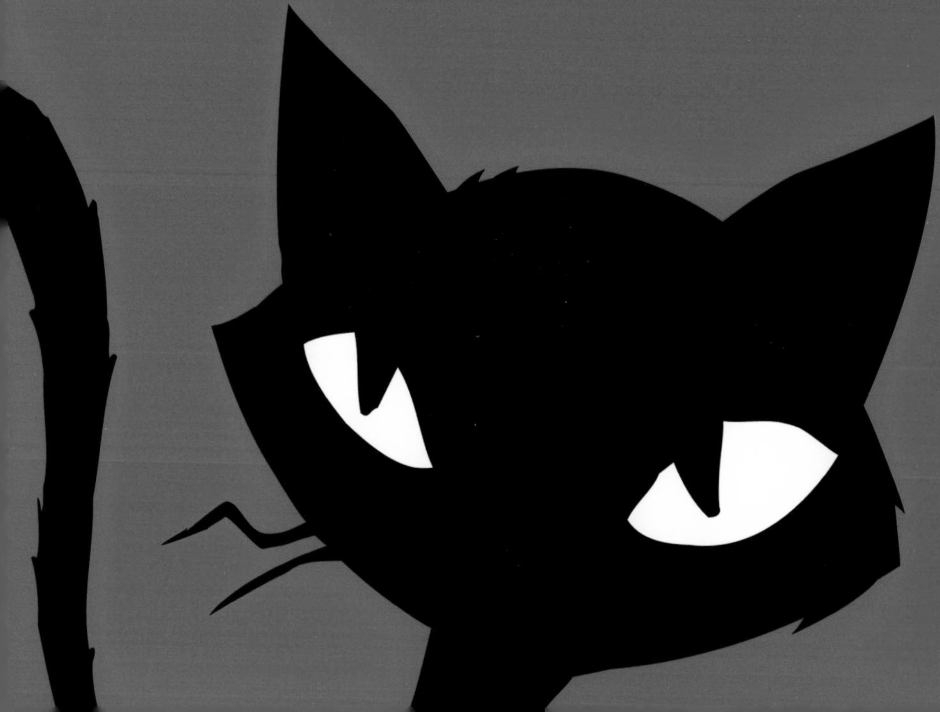

...gatito, gatito,
gatito, gatito, gatito...

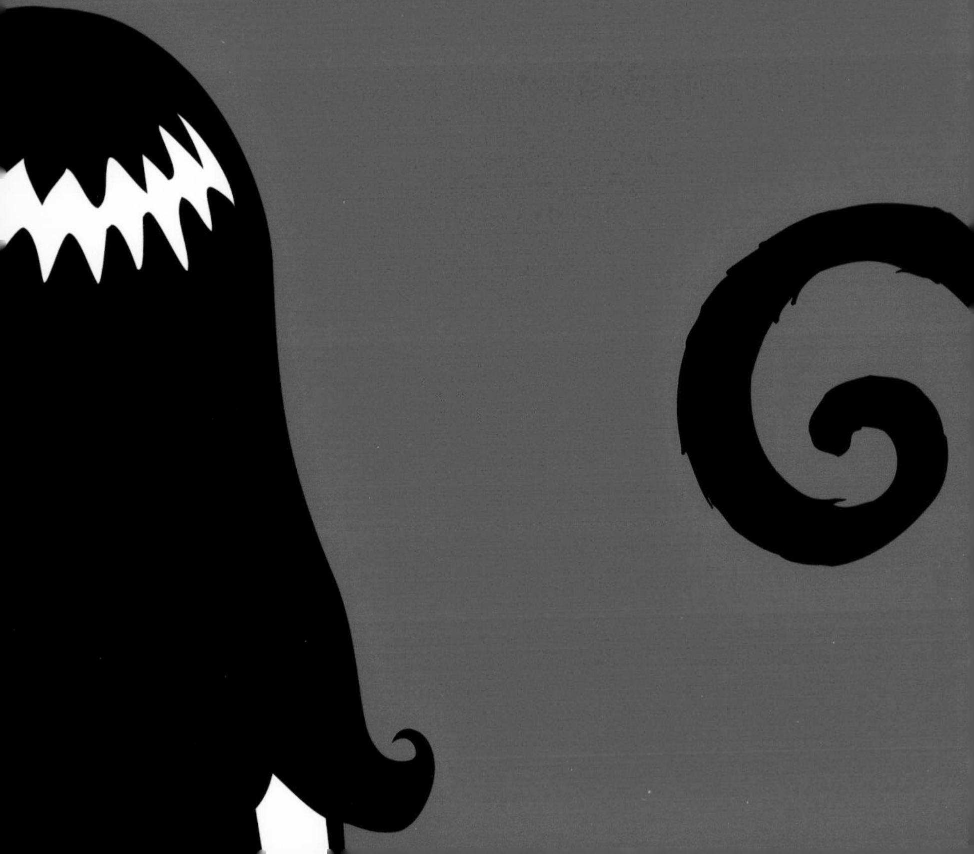

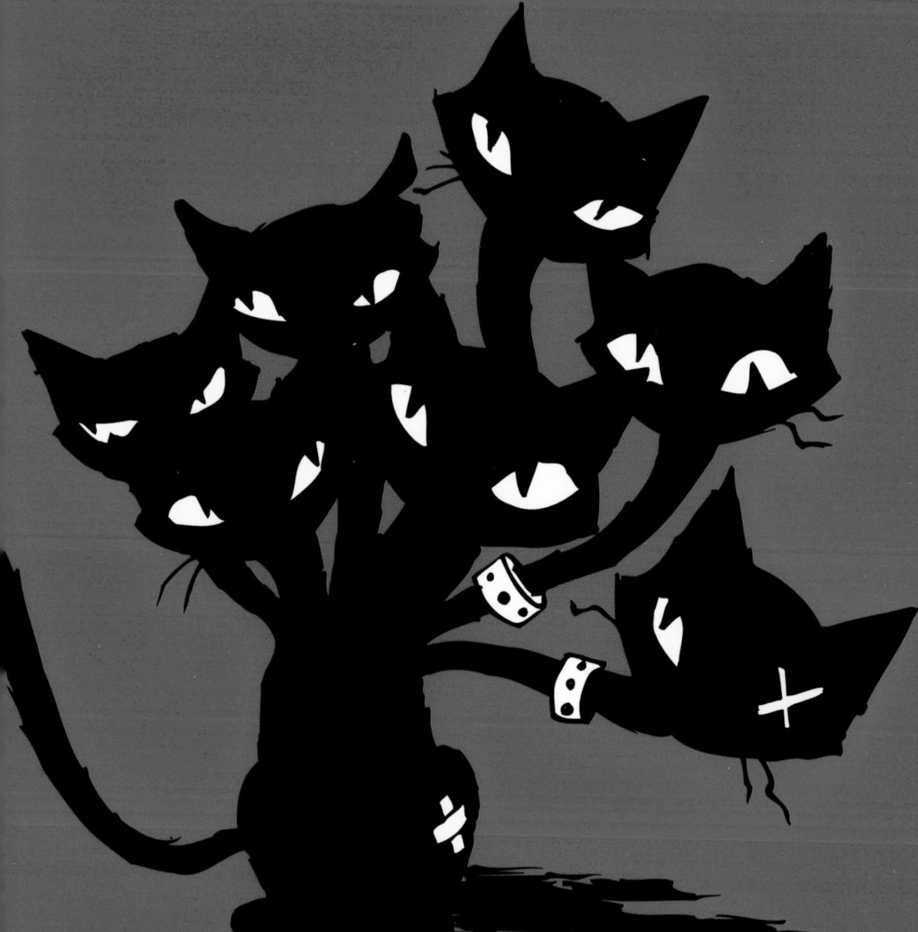

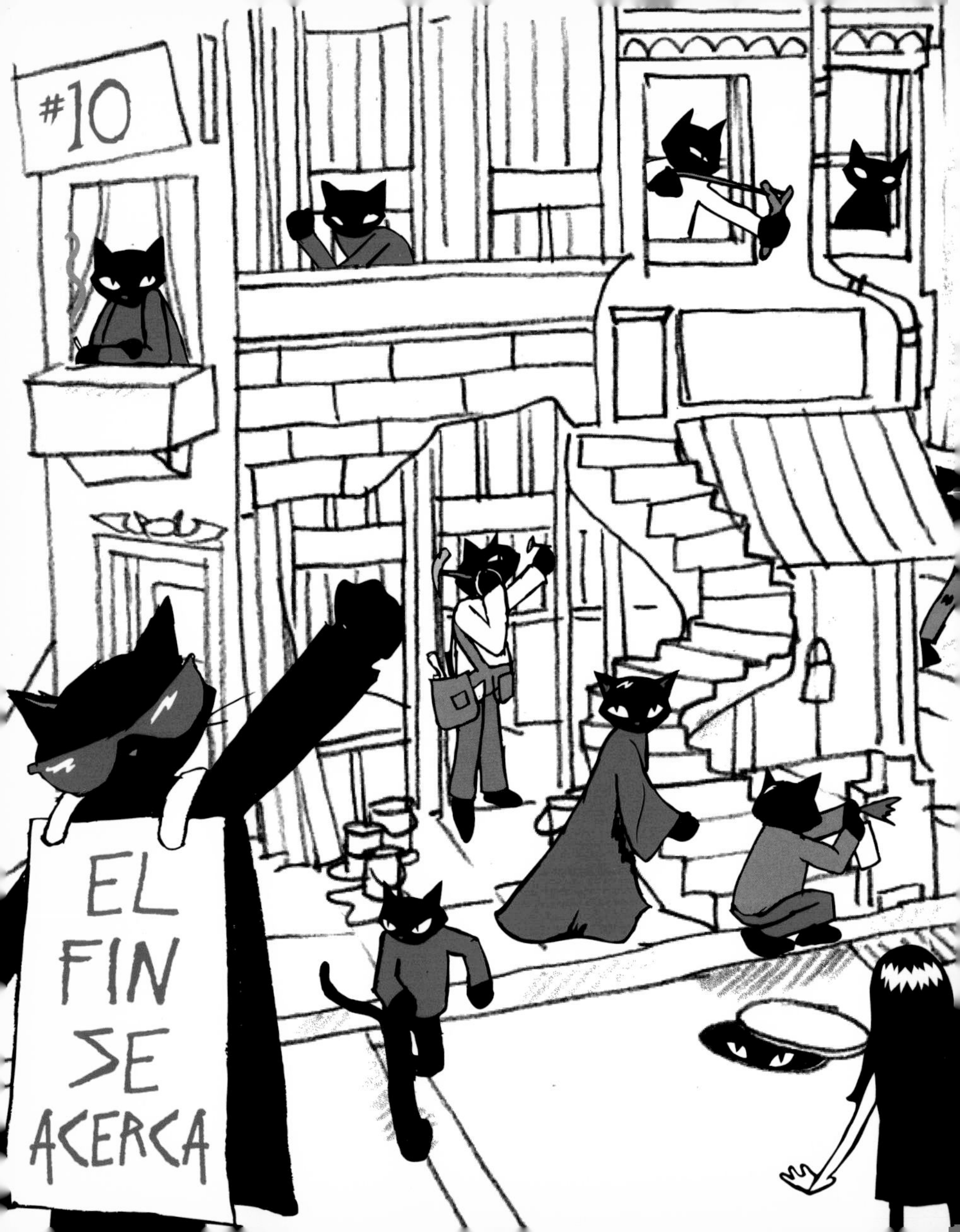
#10
EL FIN SE ACERCA

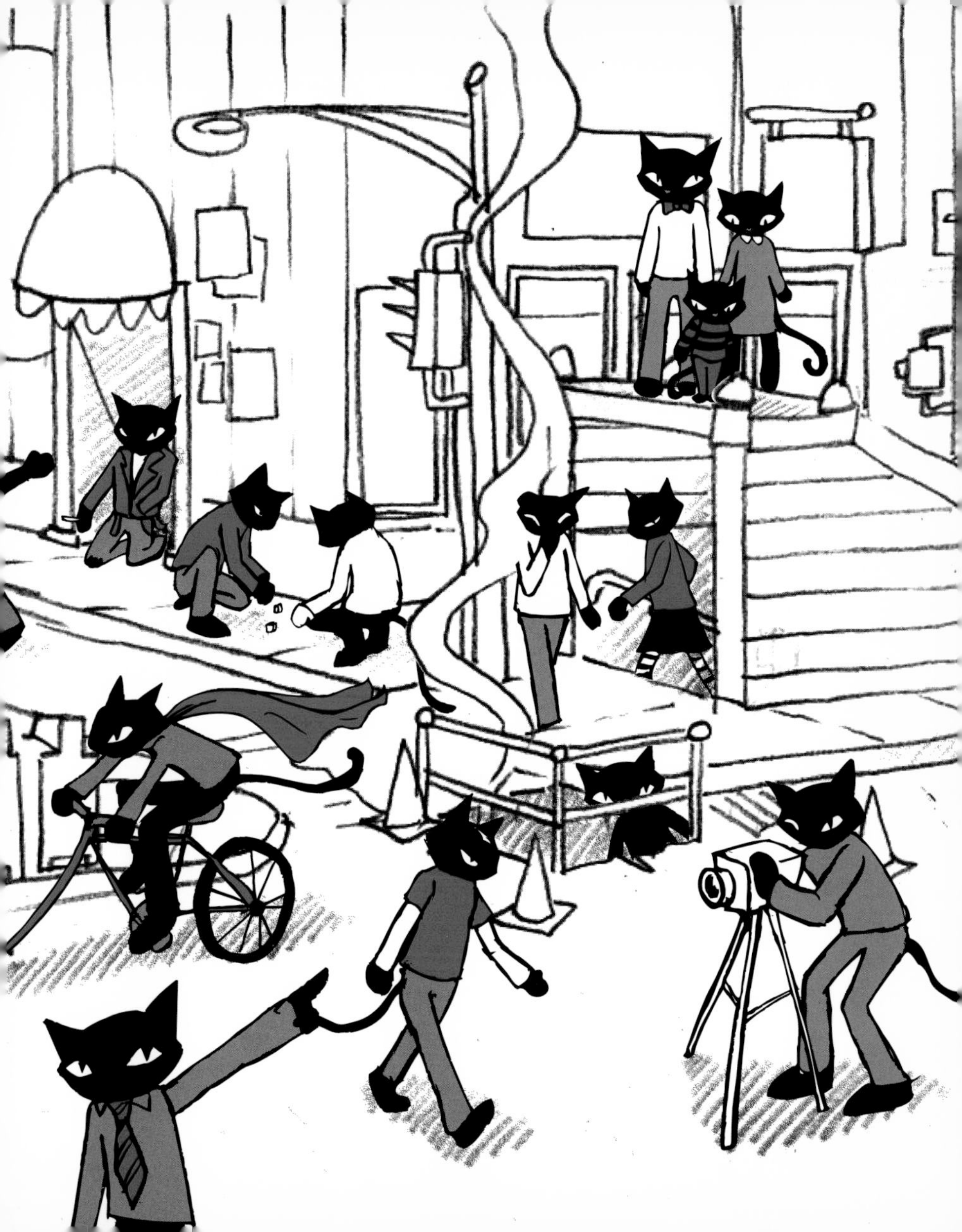

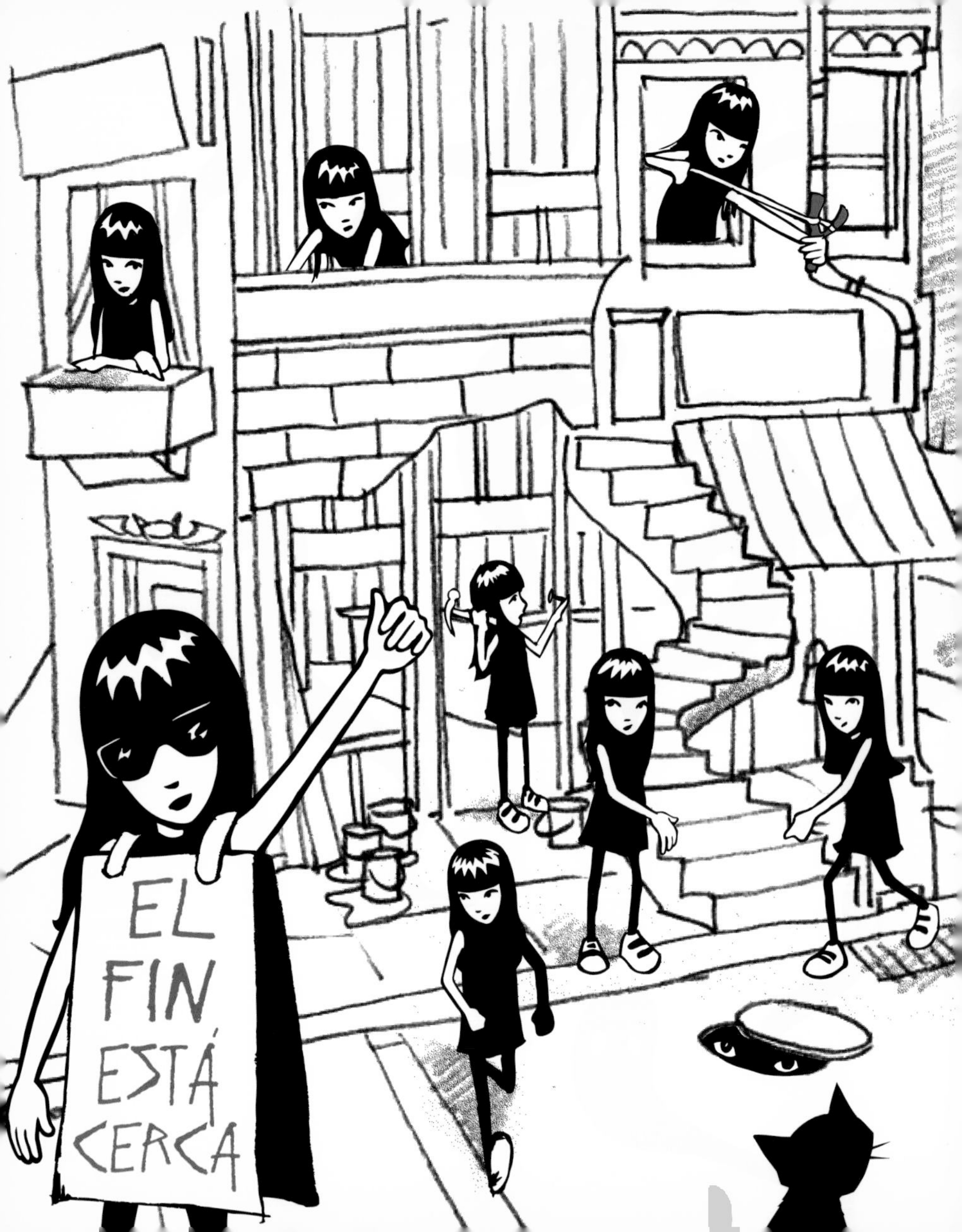
EL
FIN
ESTÁ
CERCA

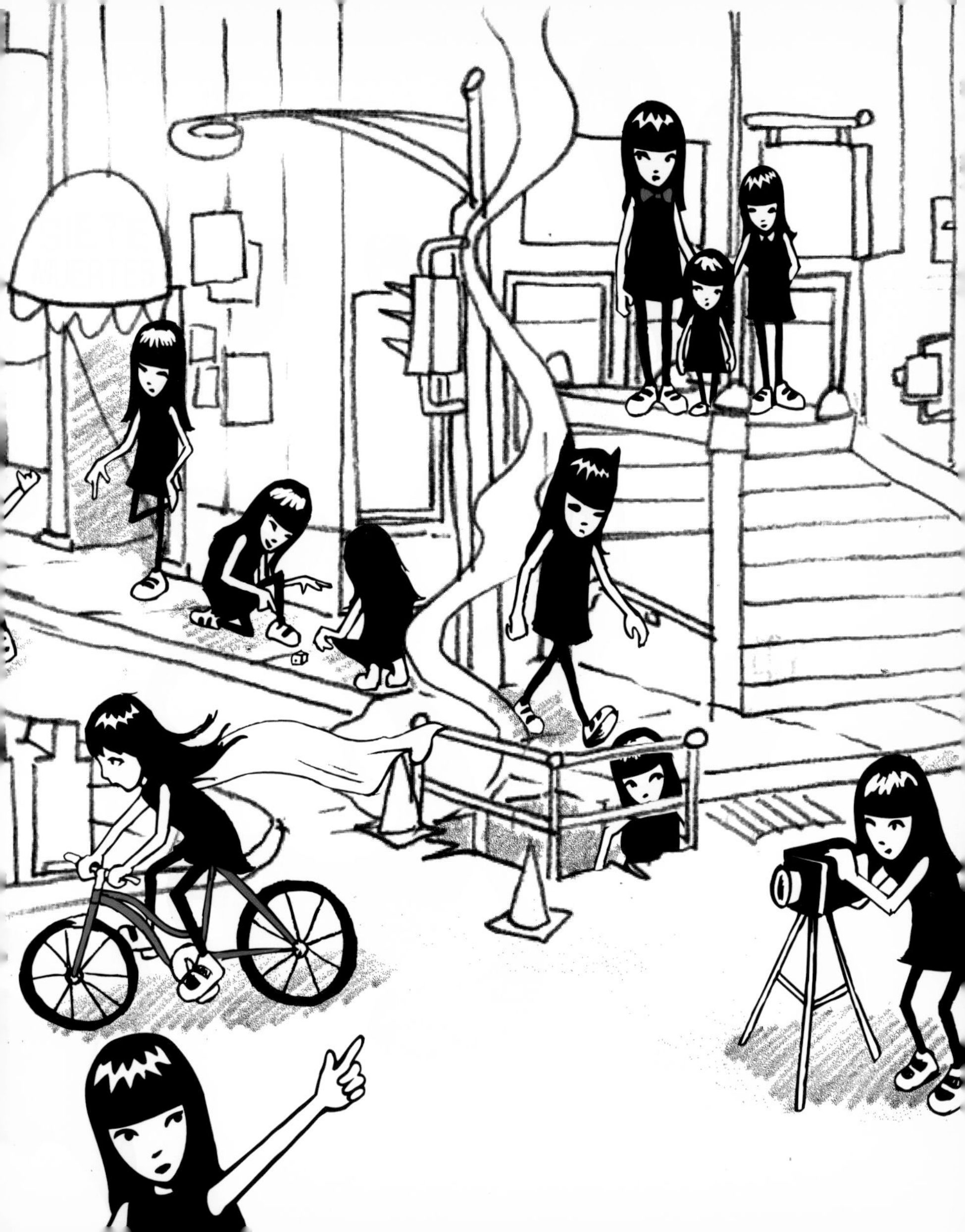

Si dices hola...

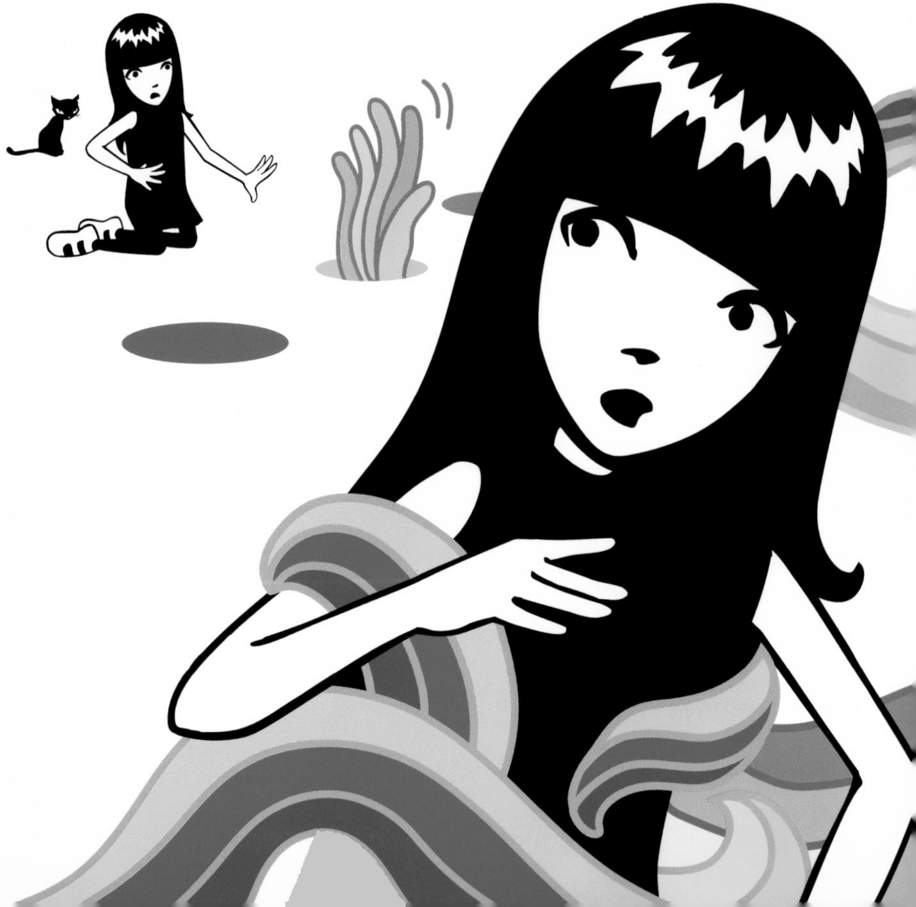

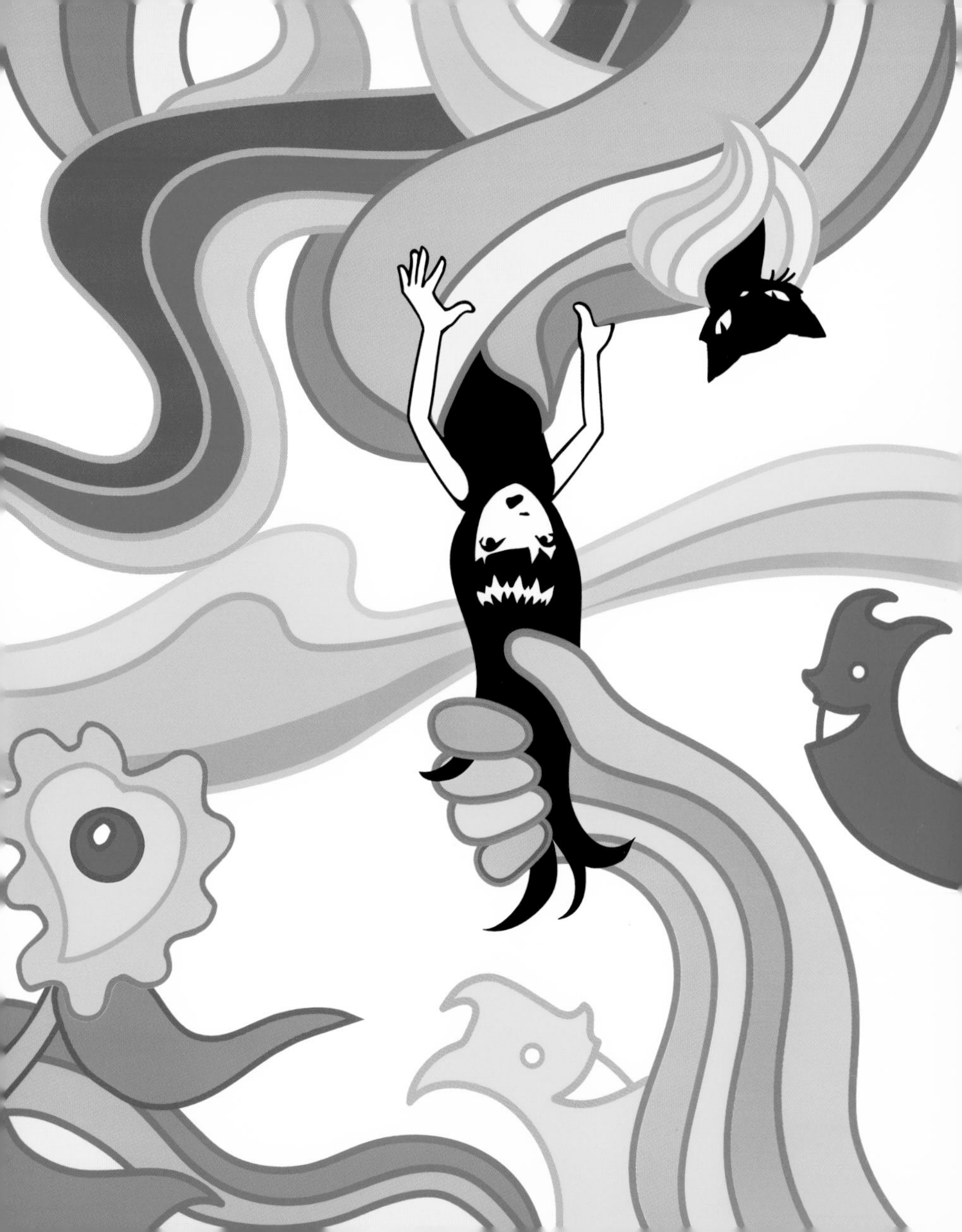

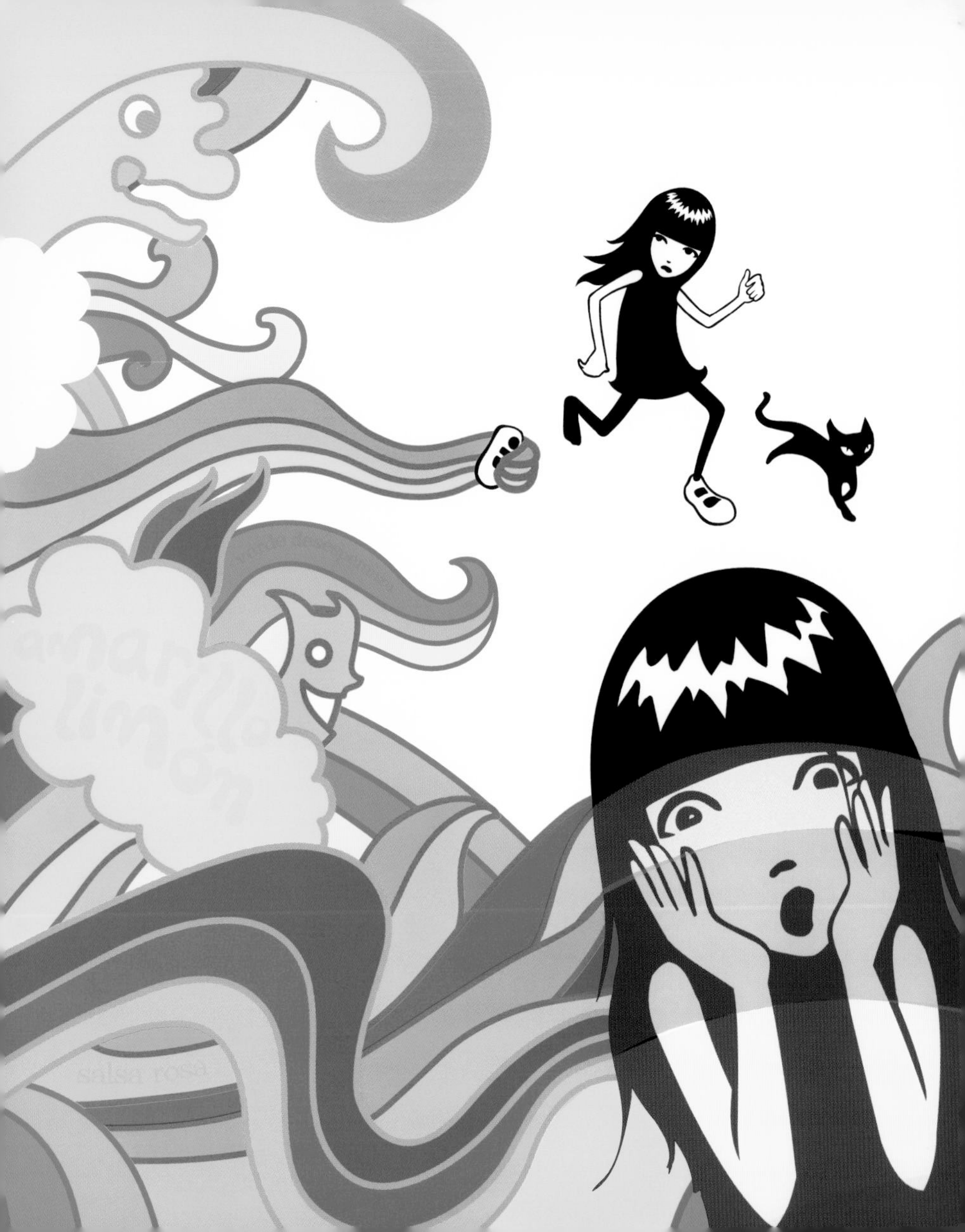

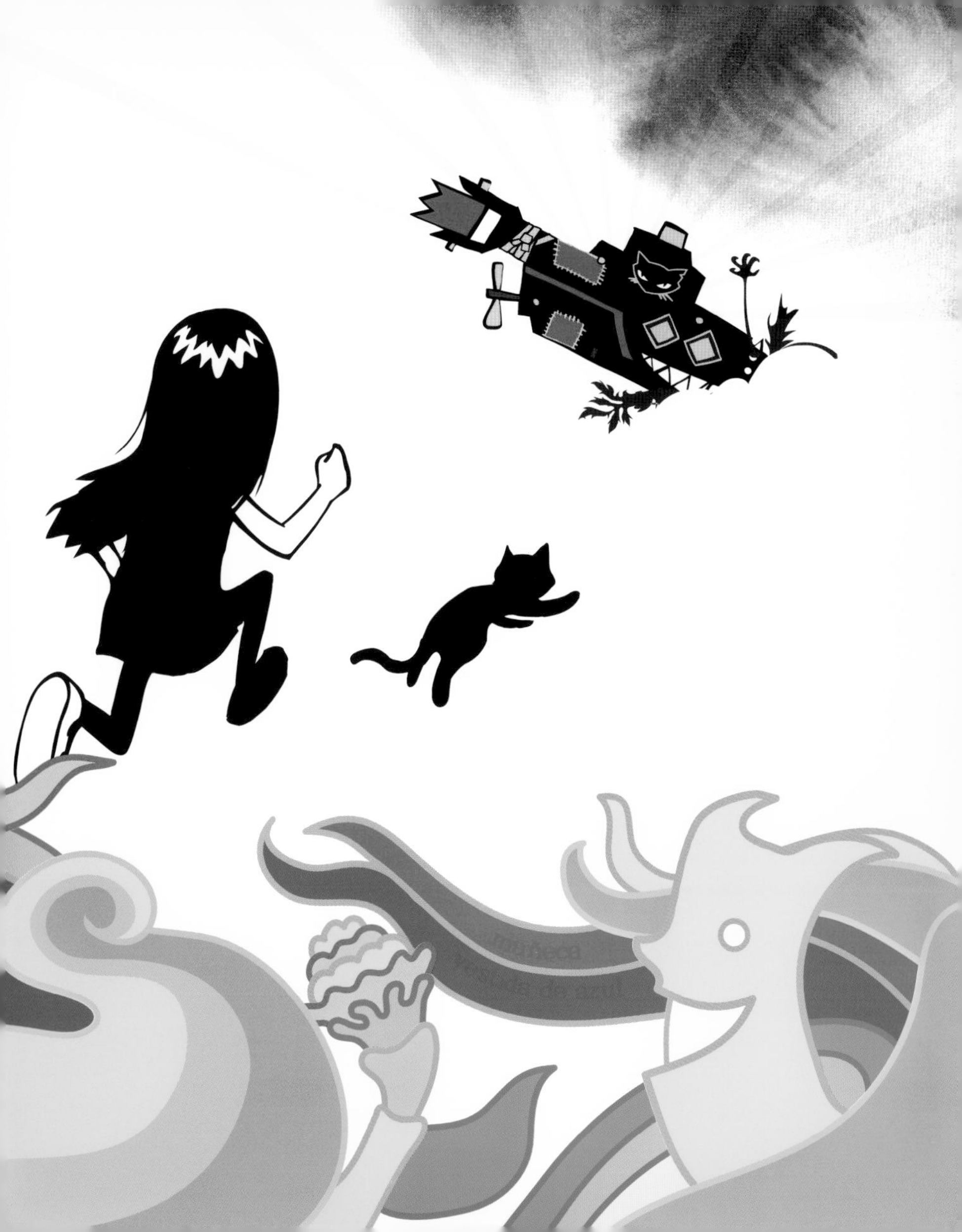

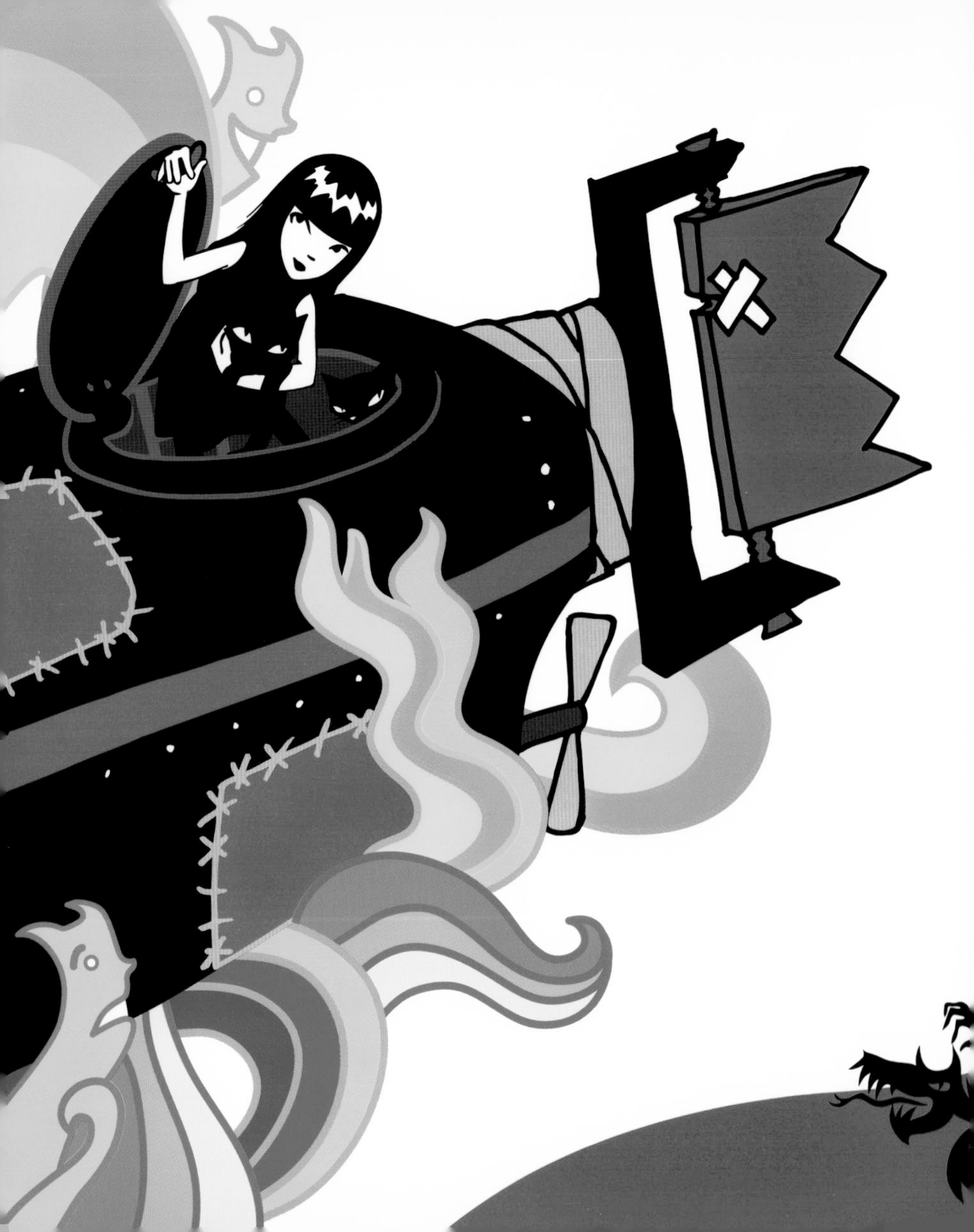

...yo digo adiós.

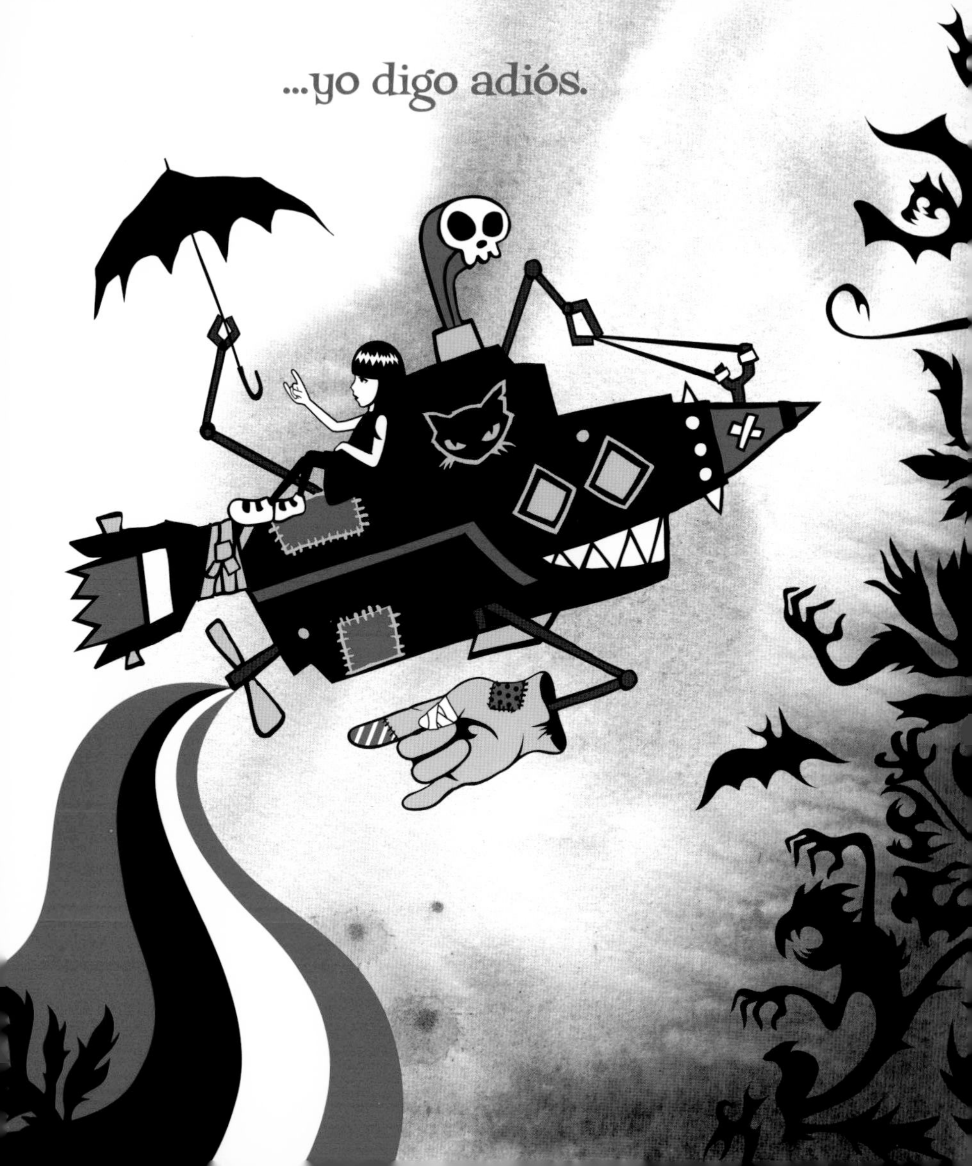

12

Si tu sombra se pone chula...

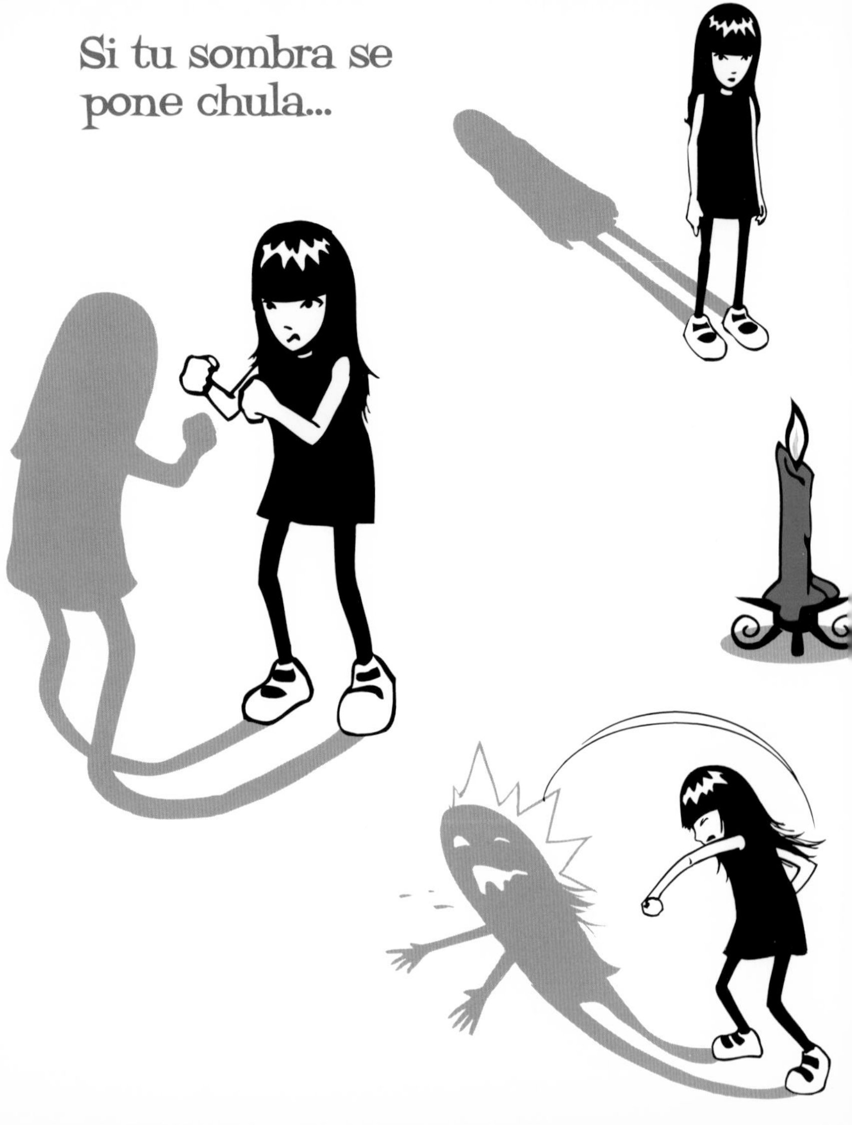

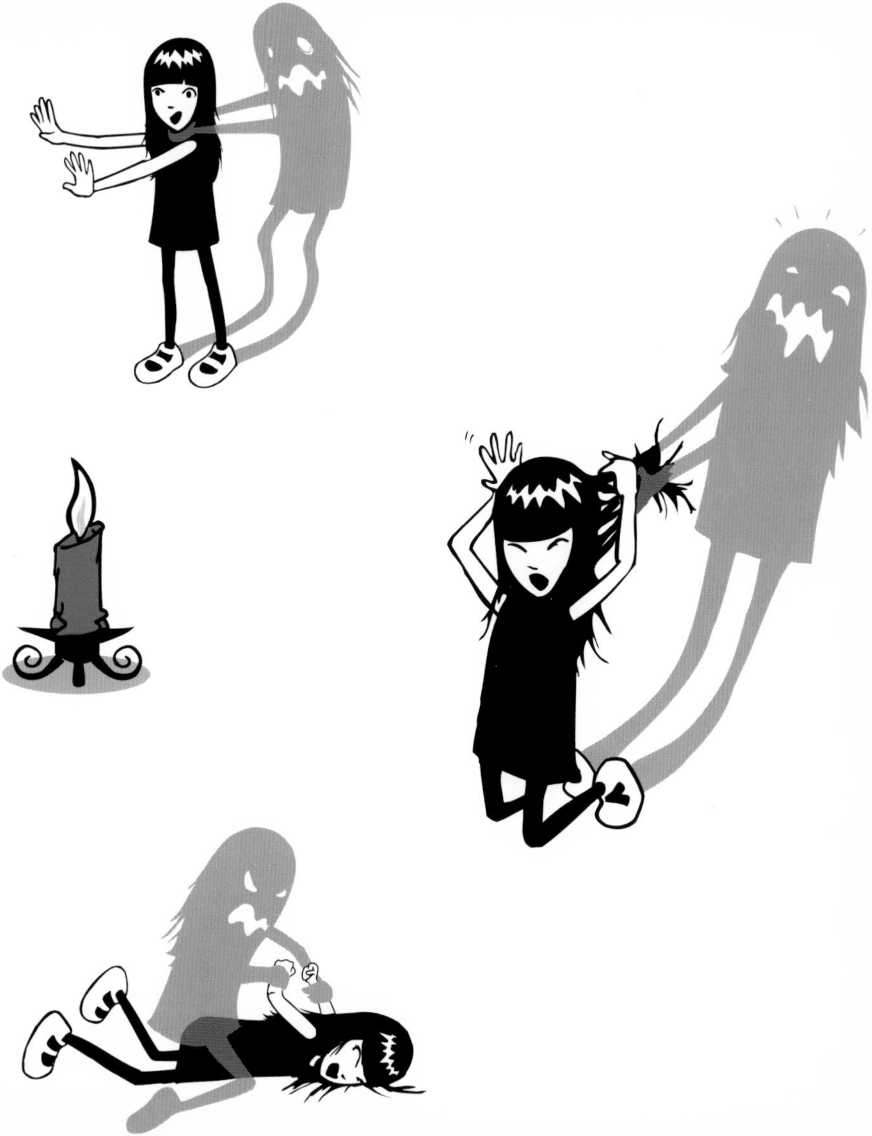

...déjala a
oscuras.

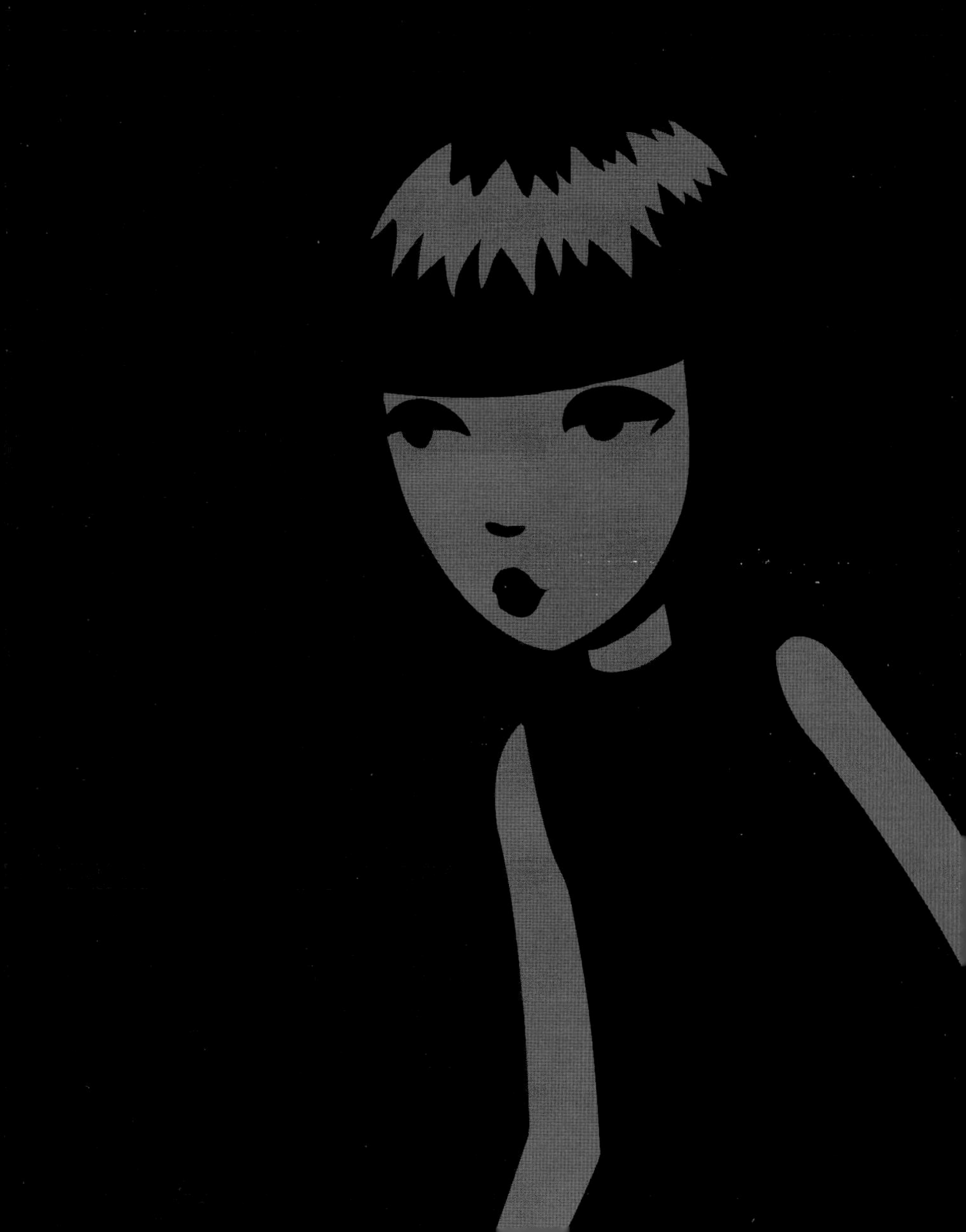

13

Gozo en un pozo...

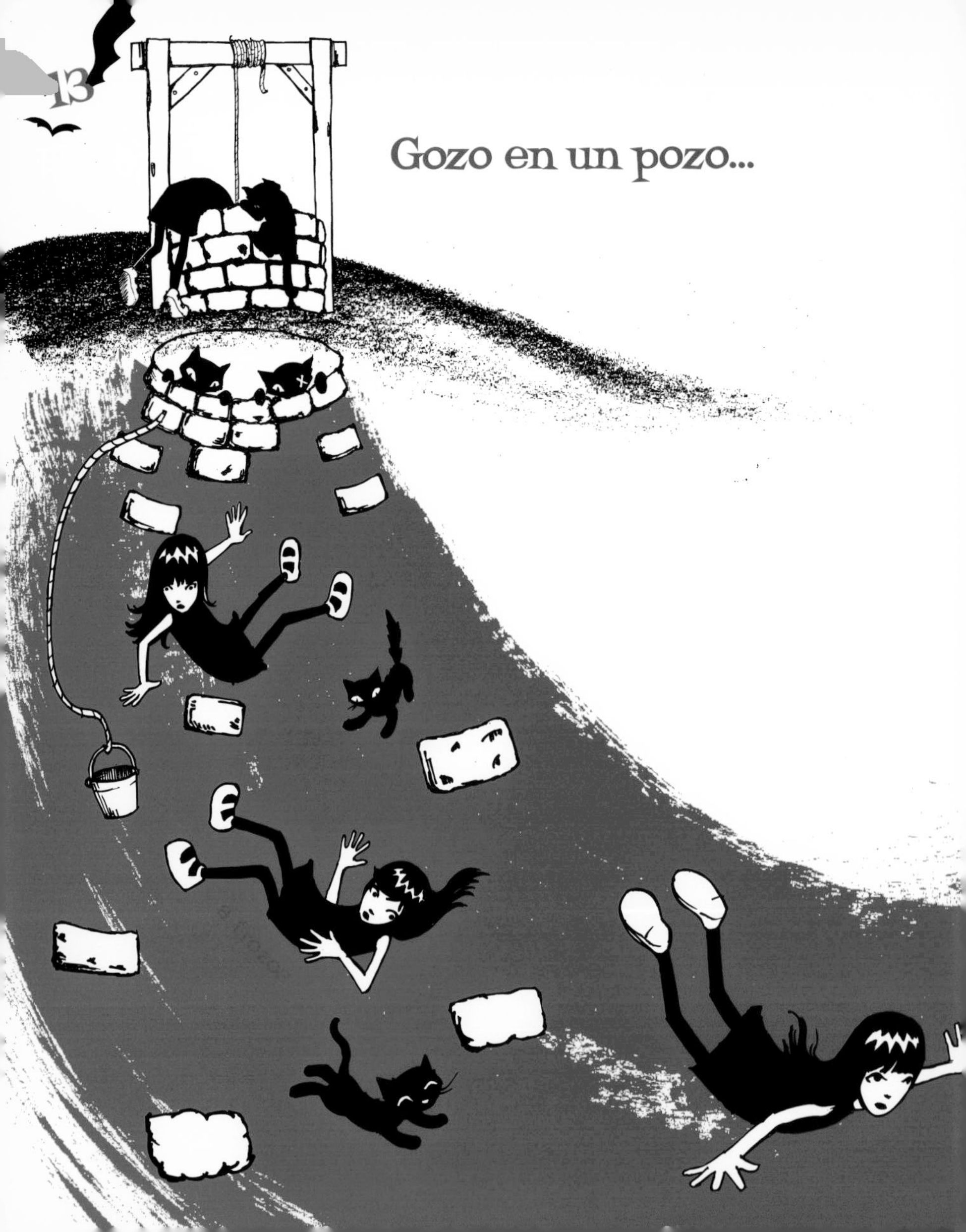

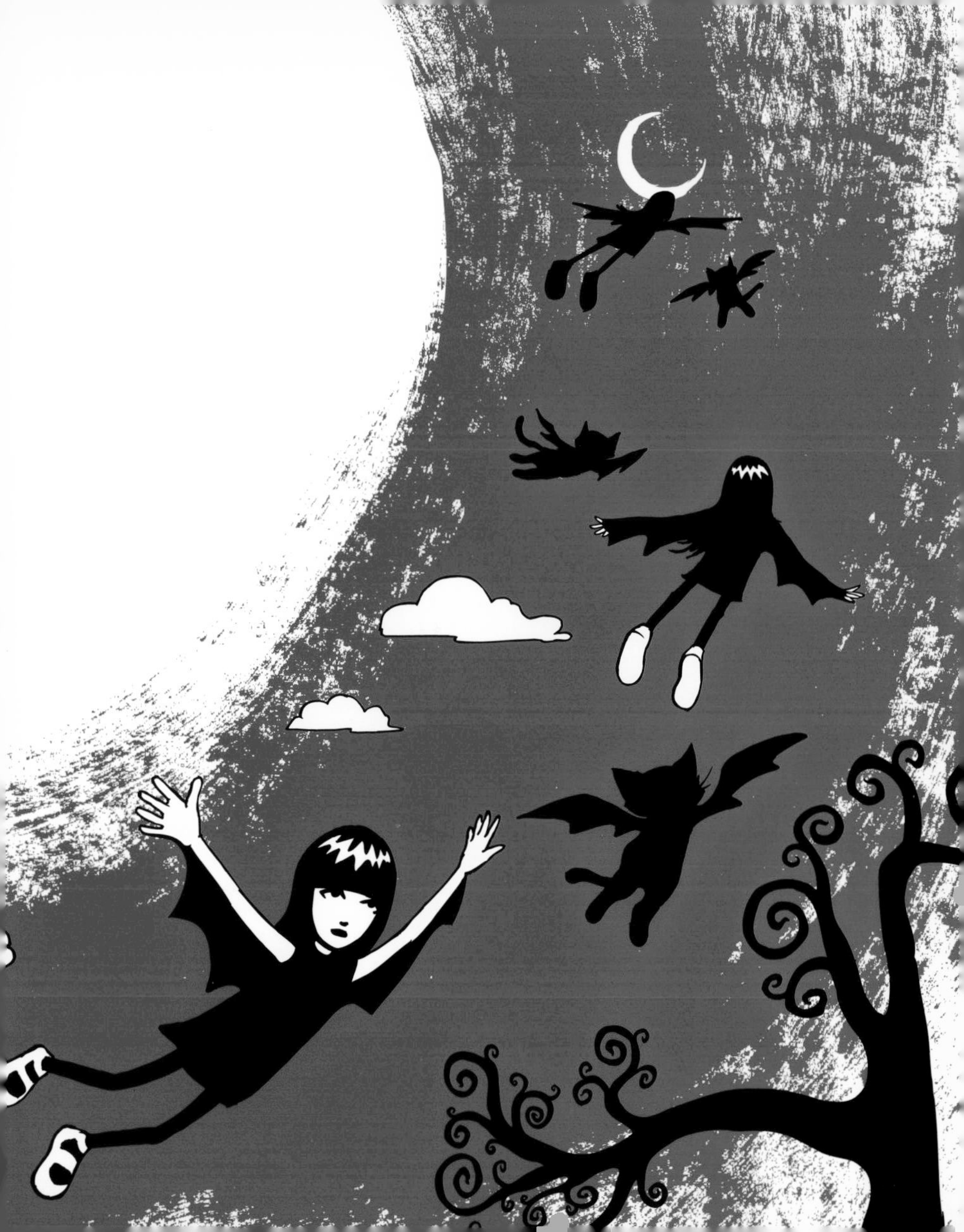

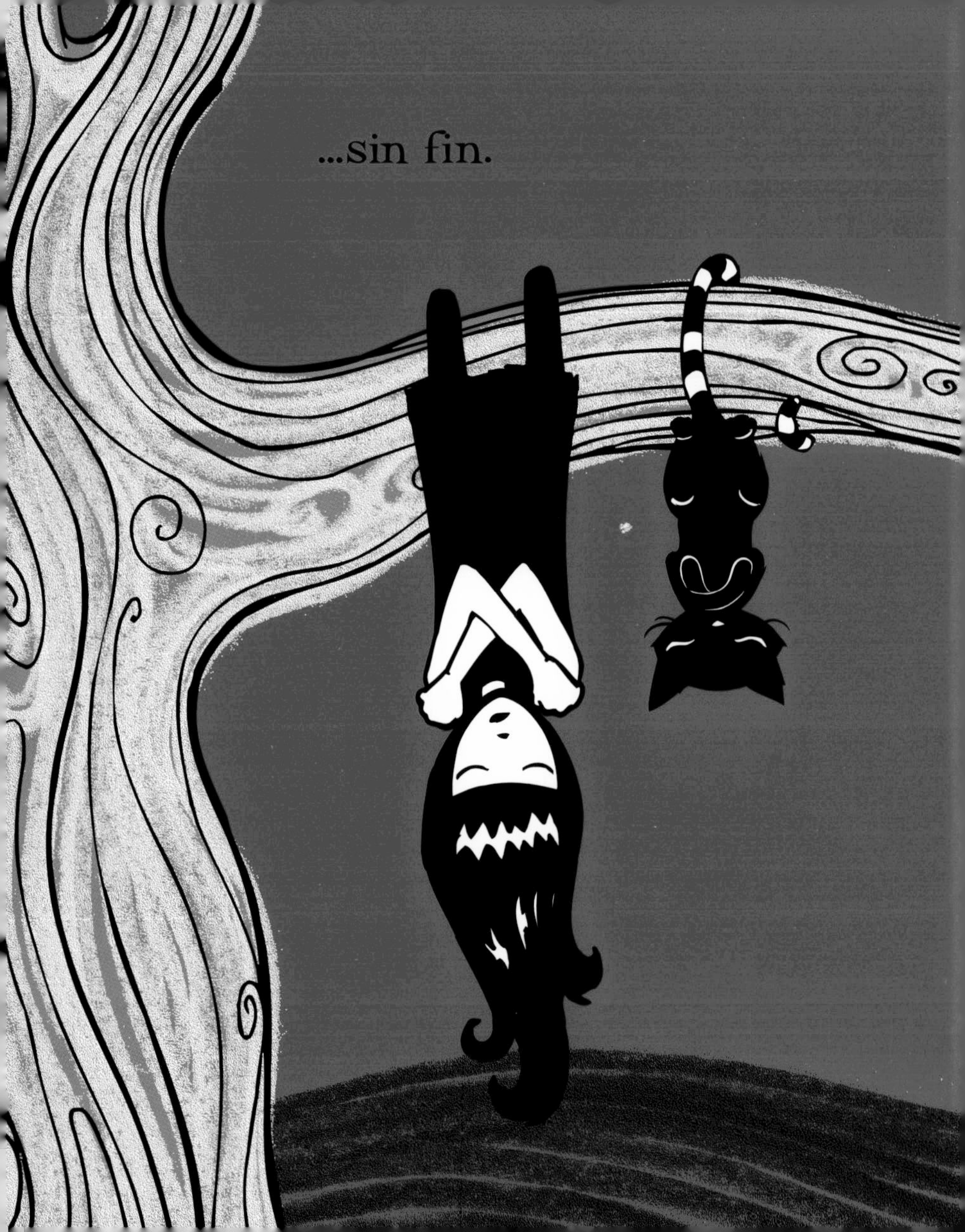
...sin fin.

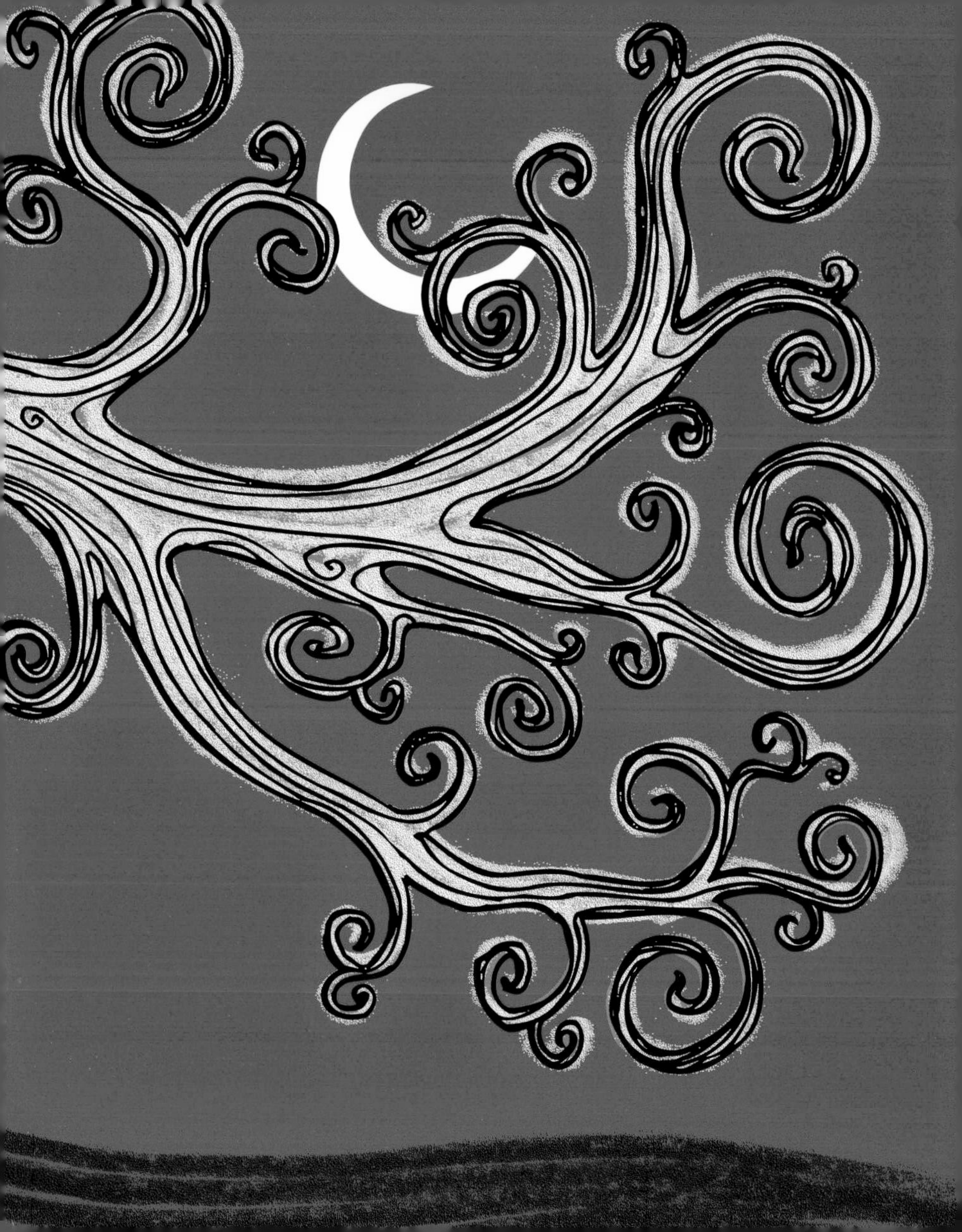

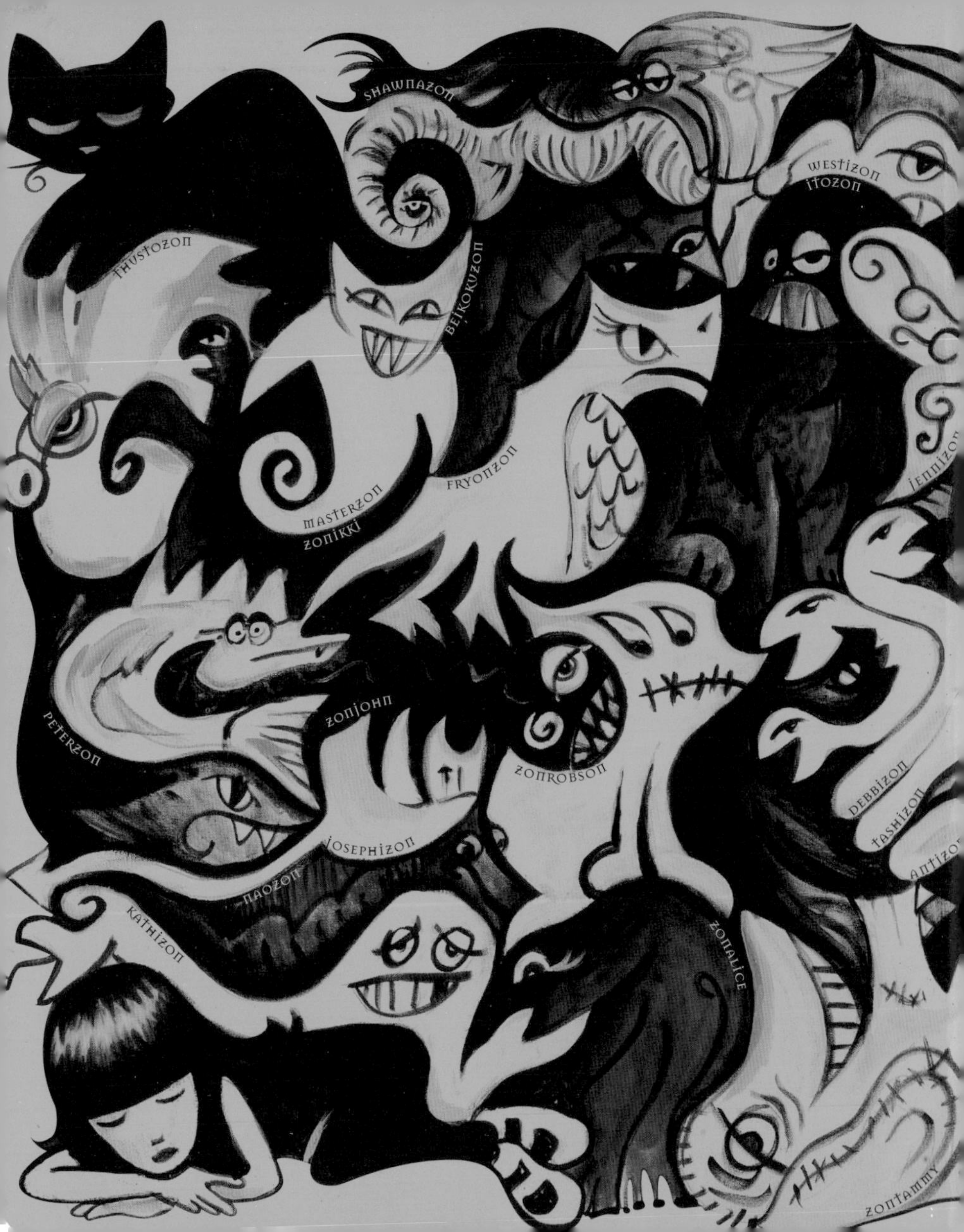
SHAWNAZON
WESTIZON
ITOZON
THUSTOZON
BEIKOKUZON
FRYONZON
MASTERZON
ZONIKKI
JENNIZON
PETERZON
ZONJOHN
ZONROBSON
DEBBIZON
TASHIZON
ANTIZO
JOSEPHIZON
NAOZON
KATHIZON
ZONALICE
ZONTAMMY